Matthias Morgenroth

Heiligabend-Religion

Von unserer Sehnsucht nach Weihnachten

Kösel

ISBN 3-466-36636-4

Druck und Bindung: Pustet, Regensburg
Umschlag: Kaselow Design, München
Umschlagmotiv: IFA-Bilderteam, München

Gedruckt auf umweltfreundlich hergestelltem Werkdruckpapier (säurefrei und chlorfrei gebleicht)

Inhalt

Einleitung

In diesem Buch geht es um Weihnachten. Um dieses merkwürdige Fest, das von uns alle Jahre wieder beschimpft und geliebt wird. So ein Konsumterror, schimpfen wir, so ein nervenaufreibender Zwang zum Freundlichsein, zur Familie, zur Idylle! Und die peinvolle Aufgabe, für jeden ein passendes Geschenk zu finden! Weihnachtszeit ist Stresszeit! Und leise fügen wir für uns selbst hinzu: Da kann man es ja gar nicht richtig feiern, gar nicht das Wesentliche tun, sich besinnen auf sich und das Leben, auf Gott und die Welt! So seltsam die Auswüchse von Advent und Weihnacht auch sein mögen – am allerseltsamsten am Weihnachtsfest ist, dass zwar jeder es irgendwo in einem Winkel seines Herzens liebt und leise leuchtende Augen bekommt, die wenigsten es aber zugeben mögen. Schimpfen und Jammern übers Weihnachtsfest gehört, so könnte man sagen, selbst schon zum Brauchtum dazu.

Weihnachten nimmt erst seit relativ kurzer Zeit diesen großen Raum im Jahreslauf ein. Erst wir Modernen hegen und pflegen die Weihnachtsbräuche exzessiv, leben intensiv mit den adventlichen Symbolen und Bildern, planen und denken auf Weihnachten zu. Weihnachten ist nicht »noch« das große volkskirchliche Fest. Es ist kein Überbleibsel aus Zeiten intakten kirchenjahreszeitlichen Lebens. Es ist in unseren Breiten das in der Moderne gewachsene christliche Hauptfest, es ist das »Christfest«. Doch, um das Allerseltsamste noch einmal zu steigern, am alleralllerseltsamsten an diesem modernen Christfest ist, dass diejenigen, die sich über die vollen Kirchen der Weihnachtstage am meisten freuen müssten, über Musik, Einkehr, Engel, allpräsente Symbole des Friedens und der Freude und Advents- und Weihnachtsgeschichten in aller Munde, dass die Pfarrer und Theologen, die Kirchenleute und Religionsexperten den reichen Schatz gegenwärtiger Weihnachtsfrömmigkeit unwillig zur Seite schieben. »Das ganze Jahr kommen sie nicht – und zu Weihnachten werden sie rührselig!« »Wir wissen schon, warum Ihr da seid: wegen der schönen Musik!« »Ein bisschen Weihnachtszauber, ein bisschen gespielte Harmonie, das ist das Christentum der Weihnachts-Christen!« So wettern sie und ärgern sich – und noch mehr diejenigen, die mit Freude im Herzen am Heiligen Abend in die Kirche gegangen sind.

In diesem Buch geht es um Weihnachten, aber nicht nur. Vielmehr will ich die Weihnachtszeit und ihre Bildwelt zum Anlass nehmen, unsere (post)moderne, freilich untergründige und subversive Religiosität aufzuspüren. Denn an Weihnachten spült es sozusagen an die Oberfläche der Gesellschaft, was unterirdisch das ganze Jahr über an eigenständiger, privater, unkirchlicher (aber nicht unchristlicher!) Spiritualität wächst und gedeiht. Weihnachten ist so etwas wie das Symbol-Sammelbecken gegenwärtigen Glaubens. Diese meine Vermutung lässt sich vor allem deshalb bestätigen, weil Weihnachten erst seit den letzten zweihundert Jahren, seit es die bürgerliche Moderne und ihre Strukturen gibt, so groß und ausführlich gefeiert wird, wie wir es heute tun. Weihnachten ist eben nicht – wie wir gerne annehmen – das uralte, halbheidnische Fest, das immer so gewesen ist wie heute. Es ist das christliche Fest der Moderne. Es ist unser Fest. Unsere eigene Religiosität. Unser Glaube. Wenn wir es denn »Glaube« nennen können. Darüber wird noch zu sprechen sein.

Zunächst einmal aber gilt es, sich auf Folgendes zu verständigen: Es gibt keinen Grund, die lebendige und bunte Religiosität (früher hätte man es Frömmigkeit genannt), die sich in der Weihnachtszeit bündelt, zu belächeln oder abzutun, und wer doch den einen oder anderen Grund weiß, sollte ihn bis zum Ende der Lektüre dieses Buches vergessen. Und – lassen wir mal die vielen Ärgernisse, die es freilich auch gibt, beiseite – es gibt auch keinen Grund, die heilige Liebe, die heilige Kindheit, die heilige Geburt, all diese und die anderen Heiligkeiten des Weihnachtsfestes als ausschließlich spießige Selbstbespiegelung bürgerlicher Befindlichkeiten generell zu verurteilen. Das sind sie nämlich nicht. Sonst wäre Weihnachten nicht das, was es ist: ein von den allermeisten von uns mitgetragenes, ein zutiefst religiöses Fest. Inklusive heiligem Schauer und offenem Himmel.

Und es gibt auch keinen Grund, Weihnachtskitsch und Adventsschimmer von Grund auf zu verdammen – Kitsch ist ja an sich nichts Böses. Weihnachten ist eben etwas fürs Herz, das wir Menschen ja zum Glück auch haben. Wenn harte Männer und Frauen also zu Weihnachten Tränen vergießen, weil durch den ganzen Kitsch hindurch etwas (wer?) sie anrührt, dann sollte man das sehr ernst nehmen.

Weihnachten ist überall: Das soll nicht heißen, dass immer und überall Schokoladen-Nikoläuse zu finden sind. Sondern dass das, was an Weihnachten sichtbar wird, unsere gesamte Lebenswelt grundiert. Dass die heilige Familie sich in dem gegenwärtigen Boom der Traumhochzeiten widerspiegelt, die heilige Kindheit in den vielen rettenden und heilenden Kindergestalten unserer Bestseller, die leuchtenden Augen der Weihnachtsstimmung in dem besonderen, religiös-ästhetischen Blick auf die Welt im Urlaub – kurzum, dass, wer Appetit auf die inoffizielle, höchst lebendige implizite Theologie unserer Tage hat, in den vielen Weihnachtssymbolen ein gefundenes Fressen finden kann. Was an Weihnachten zusammenkommt, gilt das ganze Jahr, und wer in den weihnachtlichen Sinnstrukturen lesen lernt, wird moderne Religiosität insgesamt verstehen. Und moderne Religiosität verstehen zu lernen, ist sicher kein Fehler, auch für die immer ein wenig vergangenheitsfixierten Theologen (zu deren Zunft auch ich mich zähle). Denn, davon mal ausgehend, dass Theologie und Kirche sich ständig verändern, dass Religion sehr wenig mit festgeschriebenen Glaubensregeln, Moralinstanzen und Katechismen zu tun hat, dafür umso mehr mit Stimmungen, Gefühl und Lebensfragen, tut es Not, sich in den gegenwärtigen religiösen Bedürfnissen umzusehen (und ehrlicherweise muss man sagen, dass ja auch die Theologen und Pfarrer dieselben modernen religiösen Bedürfnisse in sich spüren können, schließlich leben auch sie ja eigentlich nicht hinter dem Mond). Darüber nachdenken, wie aktuell Religion – christliche Religion – gelebt wird, ist wichtig, um auch als Theologen, als Kirchenmenschen und Christenmenschen nicht abgehängt zu werden. Um nicht starre Dogmen zu vertreten. Sondern sich daran zu beteiligen, dass nicht nur die Religion, sondern auch die christliche Religion lebendig bleibt, sich verändert, ohne sich zu verlieren. Also: Keine Berührungsängste mit der »Volksfrömmigkeit«! Nicht die Hände über dem Kopf zusammenschlagen, bloß weil die Leute heute nicht mehr jeden Sonntag in die Kirche gehen wollen! Dafür gibt es ja neue Formen gelebter Religion. Zum Beispiel Weihnachten.

Schon klar: Niemand von uns hat das Christkind je gesehen oder persönlich mit dem Weihnachtsmann gesprochen, die Weihnachtsengel bei ihrem Lobgesang belauscht, niemand ist Ochs und Esel und ein paar eingeschüchterten Hirten wirklich begegnet oder hat den Stern von Bethlehem aufgehen sehen. Niemand nimmt das alles wortwörtlich ernst. Aber das heißt nicht, dass niemand das Weihnachtsfest und das Wunder der Heiligen Nacht ernst nehmen würde. Weihnachten ist keine Kinderei! Sprechen uns diese und all die anderen kleinen und großen Bausteine des Weihnachtsfestes nicht alle Jahre wieder an, freilich in irgendwie eingeschrumpfter Form, als Kleinigkeit, als Mini-Symbol, als Denk-Würdigkeit? Als Strohstern, Schokoladen-Weihnachtsmann und Papierengelchen? Zucker und Zimt, Kerzenschein und Hüttenzauber,

Glühwein und Lebkuchen, »Ihr Kinderlein kommet« und »Es ist ein Ros entsprungen«, Bach und Lukas, Schneeflocken und wohlig warme Häuser, Geschenke und Familie, strahlende Kinderaugen und merkwürdig wehmütige Erinnerungen – all das begegnet uns alle Jahre wieder an Weihnachten, spricht ganz persönlich zu uns, lässt uns sehen und hören und fühlen. Niemand hat das Christkind je gesehen – na und? Lassen wir uns das Fest deswegen verdrießen?

Und dann gibt es ja diese berühmte Passage aus der Feder des Johannes, der zu Anfang seines Evangeliums über Jesus schrieb: »Niemand hat Gott je gesehen. Er aber hat vermittelt.« Wie ist es mit der Weihnachtsstimmung, den vielen großen und kleinen Symbolen, dem Kind in der Krippe, der Heiligen Nacht und den Engeln vom Himmel hoch? Nehmen wir einmal Folgendes an: Niemand hat Gott je gesehen, aber die vielen Symbole der Transzendenz der Weihnachtszeit – sie vermitteln.

1. Kapitel

Weihnachten: das Christfest der Moderne

Ein modernes Fest

Es ist erstaunlich: Weihnachten, wie wir es heute in unseren Breiten feiern, ist nicht uralt. Und auch nicht heidnisch. Natürlich gibt es das Weihnachtsfest schon seit dem vierten Jahrhundert nach Christus. Damals ist es entstanden, als das christliche Heilsereignis nicht mehr wie bisher im Osterfest alleine gefeiert werden sollte. Im vierten Jahrhundert suchte die junge Christenheit neue Feste, in dem Maße, in dem sich auch die christliche Theologie entwickelte und ausdifferenzierte. Schon Kaiser Konstantin (der erste christliche Kaiser) brachte 325 auf dem ersten Konzil in Nicaea die alte hellenistische und die neue christliche Religion unter dem Stichwort »Geburt des Kindes« zusammen: Mit der Geburt eines Kindes sollte seit Vergil das »goldene Zeitalter« beginnen, und seit Jesaja das messianische Friedensreich, die Neuschöpfung der Welt (ich habe mich an anderer Stelle ausführlich mit der Weihnachts-Theologie der Alten Kirche auseinander gesetzt, und wer daran Lust hat, der sei an mein Buch »Weihnachts-

Christentum. Moderner Religiosität auf der Spur« verwiesen). Und irgendwann im Lauf des 4. Jahrhunderts – die Experten streiten noch immer über den genauen Ablauf – wurde die Feier der Geburt Jesu, die Niederkunft Gottes, die Inkarnation, mit dem Fest der Geburt der unbesiegbaren Sonne, dem Sol invictus, verschmolzen: Statt dem Sonnengott wurde nun der »Sonne der Gerechtigkeit«, dem alles transzendierenden Gott gehuldigt – im Weihnachtsfest. Die Geburt des Kindes wurde die theologische Klammer, um Heidentum und Christentum zusammenzubringen. Insofern ist Weihnachten alt. Und insofern steht der Gedanke der Inkarnation (der untergründig im Weihnachtsfest weitertradiert wird) schon sehr lange im Mittelpunkt christlicher Theologie (anbei bemerkt: länger als die ausgefeilte Opferchristologie und Passionsfrömmigkeit des Mittelalters). Allerdings wurde das Weihnachtsfest vor dem 16. Jahrhundert in den Kirchen nicht besonders groß gefeiert, nicht mal in den Kirchen. Es gibt alte Aufzeichnungen in Messbüchern, die lediglich dazu ermahnen, die Christmette nicht zu verschlafen, weil dort ein Stern angezündet werden soll. Ein Stern, das war alles. Dazu kamen außerhalb der Kirche allerhand Heische- und Klöpfelbräuche, Umzugsbräuche, die mit den winterlichen Zins- und Schlachttagen und der damit verbundenen Nahrungsmittelfülle zusammenhängen.

Weihnachtsbaum, Weihnachtskrippe, Geschenke, Adventskalender, Adventskränze und die private Weihnachtsfeier zu Hause im trauten Kreis der Familie inklusive den bekannten literarischen und privaten Deutungen des Weihnachtsfestes – all das ist erst in den letzten zweihundert Jahren entstanden, gemeinsam mit der bürgerlichen Welt, in der wir bis heute leben. Und weil es gemeinsam mit unserer bürgerlichen Moderne entstanden ist, erklärt sich wiederum auch, warum es uns heute so vorkommt, als müsse all dieses Brauchtum uralt sein. Denn eine Gesellschaft braucht immer einen Ursprungsmythos, einen Gründungsmythos, eine in gewisser Weise »heilige Weltordnung«. Eine Gesellschaft gibt keinen anderen Grund für ihr Tun und Lassen an, als folgende einfache Argumentation: Weil es »immer schon so war« (deswegen feiern wir ja schließlich Weihnachten so wie wir es feiern, oder?).

Uralt-ewig-wahres Brauchtum?

Ich will kurz das scheinbar uralt-ewig-wahre Weihnachtsbrauchtum durchgehen und zeigen: Es lohnt sich nicht, sich noch länger zu sträuben: Dieses Brauchtum ist unser modernes christliches Brauchtum. Das haben wir uns selbst eingebrockt. Aber darin haben wir auch einen immensen Schatz, und auf viele Elemente wollen wir ja auch gar nicht verzichten.

Beginnen wir mit dem Adventskranz. Er wurde von Johann Hinrich Wichern erfunden, dem bekannten Gründer des »Rauen Hauses« in Horn bei Hamburg, einer Waisenschule für Kinder und Jugendliche aus asozialen Verhältnissen. Der erste Adventskranz lässt sich sogar ganz genau datieren: 1839 ließ Wichern im Betsaal einen Kranz aus Holz aufhängen, einen Leuchter mit 23 Kerzen: 19 kleine Kerzen für die Werktag, vier große Kerzen für die Adventssonntage. Tag für Tag wurde eine Kerze angezündet, um die Zeit des Wartens auf Weihnachten sinnlich zu gestalten. Den Riesenkranz hat man in den Folgejahren zweckmäßigerweise verkleinert auf vier Kerzen. Und die von Johann Hinrich Wichern ausgebildeten Diakone der »Inneren Mission« haben den Adventskranz über ganz Deutschland verbreitet. Er erlaubt seither, die Zeit der Erwartung und Hoffnung augenfällig zu machen (unsere heutige Adventszeit ist also keine Fastenzeit im engeren Sinne mehr, wie in früheren Tagen).

Der Adventskranz ist eigentlich auch eine Art Adventskalender. Im 19. Jahrhundert wurden auf spielerische Weise viele verschiedene Advents-Zeitmesser entwickelt: Es gab Kalender zum Abreißen, stückweise abbrennende Kerzen, Weihnachtsuhren, deren Zeiger täglich weitergerückt wurden, Strohhalme, die in die Krippe gelegt werden sollten und noch vieles mehr. Der Adventskalender, wie er heute überall zu kaufen ist, aus Papier oder Pappe, mit kleinen Türchen und Bilderchen, ist 1908 in München bei Reichhold & Lang erschienen. Gerhard Lang gilt als sein Erfinder. Er kam auf die Idee, weil seine Mutter ihm früher für die Adventszeit einen Karton mit 24 Plätzchen hingestellt hatte, für jeden Tag eines. Der erste Adventskalender hieß »Das Christkind« und bald »Im Lande des Christkinds« und wurde von dem damals bekannten Illustrator Richard Ernst Kepler gestaltet (damals funktionierte der Adventskalender noch ein bisschen anders als heute: Tag für Tag konnte ein gummiertes Bildchen ausgeschnitten und auf eine feste Unterlage geklebt werden, auf der vorher ein besinnlicher Spruch zu lesen war).

Der erste Weihnachtsbaum ist zwar schon ein wenig älter, aber dass jede Familie in ihrem Wohnzimmer ihren eigenen Christbaum mit brennenden Kerzen, Sternen, Lametta und Christbaumkugeln aufstellt, das hat sich erst im Laufe des 20. Jahrhunderts endgültig in Deutschland durchgesetzt. Die ersten Christbäume standen in den Zunftstuben frühneuzeitlicher Städte, wo die aufstrebenden Handwerker und Bürger neue Bräuche für die anbrechende neue Zeit entwickelten. In Bremen gab es im Jahr 1570 ein Dattelbäumchen, das die Kinder abernten durften. In Basel ist für das Jahr 1597 ein ähnlicher Baum bei Schneidergesellen belegt, im elsässischen Schlettstadt gab es 1600 einen Weihnachtsbaum. Überhaupt darf das Elsass als Geburtsland des Weihnachtsbaums gelten, und aus Straßburg hört man im Jahr 1605: »Auff Weihnachten richtett man Dannenbäum zu Straßburg in den Stuben auff daran hencket man roszen ausz vielfarbigem Papier geschnitten, Aepfel, Oblaten, Zischgold, Zucker etc.« Die Äpfel hingen deswegen am Baum, um an den Sündenfall zu erinnern, an die erste Schöpfung und ihr relatives Scheitern; die Oblaten dagegen sollten an Christi Erlösungstod, an die Neuschöpfung im Christusereignis erinnern; die Rosen schließlich an die jesajanische Prophezeiung. Aus den Äpfeln wurden Christbaumkugeln, aus den Oblaten Lebkuchen und aus den Rosen Rauschgoldengel. Im 19. Jahrhundert breitete sich der Baumbrauch in Deutschland aus, vor allem in der Oberschicht und im Bürgertum (Kerzen waren damals übrigens noch nicht zwingend vorgesehen). Paradoxerweise verhalf der deutsch-französische Krieg 1870/71 zur endgültigen Verbreitung des Weihnachtsbaums (deswegen galt er auch eine Zeit lang als »urdeutscher« Brauch): In der Kriegsweihnacht ließen hohe Offiziere, die ja alle aus der Oberschicht kamen, in der der Weihnachtsbaum schon einigermaßen bekannt war, in Erinnerung an ihre Heimat Weihnachtsbäumchen aufstellen – und die Kriegsveteranen aller Schichten schwärmten in den kommenden Jahren voller Nostalgie von diesen Lichterbäumchen im Kriegswinter. So verbreitete der Christbaum sich in ganz Deutschland, mit dem Ersten Weltkrieg schließlich in ganz Europa.

Natürlich kann man sagen: Licht im Dunkel, Grün im Winter, das sind so allgemeine Symbole, dass man sie als »Archetypen« bezeichnen kann. Sie gab es schon immer und überall. Doch so, wie wir den Weihnachtsbaum heute aufstellen, was wir dranhängen, was wir damit verbinden, wie wir mit diesem Hell-dunkel-grün-im-Winter-Symbol umgehen, das alles ist typisch modern. Ein Baum, der den Winterduft ins Zimmer holt, sodass für eine kleine Weile der Weihnachtsraum zum Miniatur-Kosmos wird; ein Baum, der leuchtet wie die vielen kleinen Sterne zu Bethlehem; ein lebendiges Grün mitten in Geschenken – der Weihnachtsbaum gehört zu unserem modernen Heiligen Abend dazu; mehr noch, er ist es, der die zeitlose Festzeit einläutet, der den Weihnachtsabend verzaubert. Ob das mittelalterliche »Wintermaien«, grüne Zweige an der Haustür, auch auf diese Weise konnten, muss doch bezweifelt werden. Von dieser Verzauberung wird noch mehr zu reden sein.

Auch die Bescherung, wie wir sie heute feiern, entwickelte sich erst mit dem aufstrebenden Bürgertum, der Industrialisierung und unserem heutigen Wohlstand. Im Mittelalter gab es zu Weihnachten überhaupt nichts. Der Tag, an dem die Kinder – nur die Kinder wohlgemerkt – Kleinigkeiten bekamen, war der Nikolaustag. Doch im Zuge der Reformation wollte man die Beliebtheit der Heiligen insgesamt und daher auch die des Nikolaus einschränken. Martin Luther sprach sich dafür aus, die kleine Nikolaus-Bescherung für die Kinder auf den Christtag zu verlegen, um die frommen Gedanken auf Christus selbst zu richten. Die Folge: in protestantischen Gebieten gab es seither die Bescherung an Weihnachten. Das hat sich, kann man sagen, durchgesetzt. Mehr noch: Gegenseitige Geschenke, auch zwischen Erwachsenen, sind üblich geworden. Die Folgen kennen wir alle.

Als Nächstes die kleine private Krippe unterm Weihnachtsbaum. Auch sie steht erst da, seit sich die Familie im Weihnachtszimmer einfindet, um in der kleinen, wohnlichen Privatkathedrale Weihnachten zu begehen und alles andere außen vor zu lassen. Die Krippe ist ein Relikt aus früheren Tagen, ein

Dinosaurier aus einer analphabetischen Epoche. Im Mittelalter gab es – schließlich gehörte Lesen nicht zur Allgemeinbildung – für viele Stationen aus dem Leben Jesu Krippenfiguren, eine bildliche Darstellung der Heilsgeschichte für jedermann, die von Zeit zu Zeit in Kirchen auf- und abgebaut werden konnte. Und es gab lebende Krippen(spiele), wie sie im Übrigen auch Franz von Assisi veranstaltete (er gilt daher auch als ein Vater der Krippenfrömmigkeit). Übrig geblieben ist die Weihnachtskrippe. Sie wurde in Italien besonders gepflegt und von den Jesuiten über die halbe Welt verbreitet. Sie stand in den Kirchen zur Weihnachtszeit und erzählte bildhaft die heilige Geschichte, bis zu Beginn des 19. Jahrhunderts. Dann wurde sie aus den Kirchen verbannt: Zu kindisch, hieß es damals. Brauchen wir nicht mehr in aufgeklärten Zeiten, in denen ja nun jeder lesen können sollte. »Sinnliche Darstellungen gewisser Religionsbegebenheiten waren nur in einem solchen Zeitraume nützlich oder gar nothwendig, in welchem es an geschickten Religionsdienern fehlte, die Unterrichtsanstalten noch sehr selten und ganz mangelhaft waren, und das Volk noch auf einer so niedrigen Stuffe der Cultur und Aufklärung stand, dass man leichter durch Versinnlichung der Gegenstände, als durch mündlichen Unterricht und Belehrung auf den Verstand wirken, und dem Gedächtnisse nachhelfen konnte«, hieß es zum Beispiel im »Regierungsblatt für die Churpfalz-baierischen Fürstentümer in Franken« im Jahr 1803. Was taten die Leute? Sie nahmen die Krippenfiguren mit nach Hause. Und die Nachbarn wollten natürlich auch bald eine ebenso schöne Krippe haben. Die kleine, private Hauskrippe entstand, in vielen Variationen.

Und noch als Letztes: Auch die vielen Weihnachtsbücher zeigen, wie sehr sich in der bürgerlichen Moderne die Religiosität aufs Weihnachtsfest konzentriert hat (ich meine die alljährlich wieder in ähnlicher Kombination erscheinenden Bücher voller Sinngeschichten, Liedern, Bibeltexten, Bildern und Backrezepten). Solche »Kalendergeschichten« gab es früher das ganze Jahr über, Texte, mit denen man leben konnte. Heute werden sie nur in der Weihnachtszeit herausgeholt, gelesen und geliebt. Es handelt sich im Übrigen bei den weihnachtlichen Kurzgeschichten meist namhafter Autoren (es gibt einen festen Kanon, zu dem etwa Heinrich Böll, Selma Lagerlöf, Charles Dickens, Bert Brecht, Marie Luise Kaschnitz, Hermann Hesse oder Robert Walser zählen) um so etwas wie »private Theologie«. Diese Geschichten verstehen sich allermeist als Auslegungen der Weihnachtsgeschichte und werden auch als solche wahrgenommen. Weihnachtszeit ist Geschichtenzeit, Sinn-Geschichten-Zeit. Zu Weihnachten wird weiterhin Theologie und Auslegung betrieben – ohne dabei in die Kirche zu gehen. Der Raum dafür ist neu: Es ist die ganz private Kathedrale in den eigenen vier Wänden.

Unsere Symbole

Halbwegs überzeugt? Weihnachten ist das moderne Christfest. Die vielen verschiedenen Weihnachtsbräuche haben sich erst in der bürgerlichen Moderne entfaltet, und mit ihnen verbinden sich typisch moderne Gedanken. An Weihnachten ist in der Moderne zusammengerückt, was früher übers ganze Jahr verteilt war: ein Leben mit dem Kalender, mit biblischen Geschichten, Heiligentagen, kirchlicher Musik, Besinnung, Backen und Feiern und Gottesdienstbesuch. Das Mittelalter war dagegen viel mehr von Passion und Ostern geprägt, von Kreuz und Auferstehung, Himmel und Hölle und Jüngstem Gericht. Dem Heil nach dem Tod. Die Moderne in Mitteleuropa ist demgegenüber, etwas pauschal gesagt, eher krippenfixiert. Sie hat Weihnachten ins Zentrum ihrer christlichen Religiosität gerückt und damit auch das Leben vor dem Tod, und – ohne es so zu nennen – die Metaphorik, die mit dem Inkarnationsgedanken verbunden ist. Es handelt sich um eine Verschiebung, nicht um eine Verfallsgeschichte.

Also: Wer sagt, der Weihnachtsbaum sei in Wahrheit die germanische Weltenesche, der kann Nadel- und Laubbäume nicht unterscheiden. Wer sagt, Licht im Dunkel sei ein Überrest christlich überformtem Heidentums, der verkennt, dass es durchaus eine typisch moderne christliche Hell-Dunkel-Symbolik gibt (und geht im Übrigen Jacob Grimm und seiner deutschen Mythologie auf den Leim, die der verspäteten Nation Deutschland einen germanischen Ursprungsmythos geben wollte). Und wer meint, ein Luther und ein Franziskus wären auch schon wie wir unterm Weihnachtsbaum gesessen, der hat zu viele romantisierende Bilder aus dem 19. Jahrhundert gesehen. Die heutigen Weihnachtssymbole sind unsere eigenen. So viel vorneweg.

2. *Kapitel*
Religion: glänzende Augen bekommen

Die Welt verzaubern

Was ist ein Fest? Ein wirklich schönes, gelungenes, fröhliches Fest? Einiges gehört unbedingt dazu: Es braucht einen Festraum, geschmückt und hergerichtet, eine Art »Ort des Anderen«, des Nicht-Alltags. Es braucht ein Festessen in paradiesischer Überfülle, dass man sich den Bauch voll schlagen kann und keine Angst haben muss, zu kurz zu kommen. Es braucht natürlich Musik, vielleicht Tanz, um die Welt in andere Sphären zu heben. Es braucht die Vorbereitung von jedem Einzelnen (man macht sich fein, man freut sich darauf, man kauft ein kleines Mitbringsel für den Gastgeber). Es braucht eine Art Bühne, auf der Reden gehalten werden oder Unterhaltung betrieben wird. Und es braucht natürlich einen Anlass (das ist nicht zu unterschätzen und Feste ohne Anlass werden oft nur Smalltalk-Veranstaltungen). Das trifft natürlich alles auf Weihnachten zu (»Frohes Fest!«, rufen wir uns gegenseitig zu):

unsere gesamte Alltagswelt wird geschmückt, ganz besonders das Weihnachtszimmer; eine Weihnachtsgans wird schon lange vorher vorbestellt (wahlweise gibt's Fondue oder Raclette), die kleinen und großen, privaten und öffentlichen Vorbereitungen laufen auf Hochtouren, ein Anlass ist auch gegeben, Reden werden auf jedem Christkindlmarkt geschwungen und ebenso die Posaunen.

Und wozu das alles?

Die Antwort der Festtheoretiker: Um die Welt zu verzaubern. Denn Feste sind nicht von dieser Welt. An Weihnachten kann man es sehen: Irgendwie ist alles anders – nicht nur verkitscht, sondern verzaubert. Die Welt wird zur Begegnung. So wie es in den Kindertagen war. Und manchmal glänzen unsere Augen wieder, so wie Kinderaugen es tun, wenn sie den Weihnachtsbaum zum ersten Mal sehen dürfen. Feste sind Auszeiten. Die normale Alltagszeit wird – vom eigenen Empfinden her – sozusagen ausgeknipst und angehalten. Die Zeit, die abläuft, vertickt, altert, die gilt nicht, wenn wirklich gefeiert wird. Man attestiert den Feiernden gerne, sie würden alles um sich herum vergessen. Sie lassen es sich gut gehen. Sie denken nicht an morgen. Sie sind ganz im Hier und Jetzt. Sie erleben einen Hauch von Ewigkeit.

So auch an Weihnachten. Die Zeit zwischen Weihnachten und Neujahr wird auch die Zeit »zwischen den Jahren« genannt, als wäre sie nicht in die zählbare Chronologie integriert. Und tatsächlich: Am Heiligen Abend, wenn die Festzeit da ist, wenn es endlich »soweit« ist, wenn die immergleichen Worte des Lukas im Gottesdienst oder das kleine Silberglöckchen im Weihnachtszimmer die Festzeit einläuten, dann sind wir alle nicht von dieser Welt. »*Heut* schließt er wieder auf die Tür zum holden Paradeis«, heißt es in einem alten Kirchenlied. Und »*Ich* steh an deiner Krippen hier«, dichtete Bach. Wir selbst sind plötzlich hineingenommen in die angebrochene Heilszeit, in das Kommen Gottes, in die Festzeit des Weihnachtsfestes. Wir sind ganz gegenwärtig. Gleichzeitig mit dem Heilsereignis.

Festzeiten – Auszeiten

Feste spielen sich zwar in einer »anderen Zeit« ab, sie sind aber deswegen nicht – abgesehen von manchen sehr späten Stunden – besinnungslos. Feste sind Auszeiten, in denen Menschen sich auf das besinnen, was ihnen wichtig ist, was ihre Kultur ausmacht, was ihnen heilig ist. In unzähligen Symbolen umkreisen sie ihre eigene Kultur, in Symbolen, Reden, Geschichten und Liedern. Und gleichzeitig zeigen sie auch, dass der Alltag nicht alles ist. Dass die alternde Welt nicht die Einzige ist. Das kann man nicht rein theoretisch diskutieren, dazu braucht es den Ausstieg aus der Alltagszeit, um es leibhaft zu erfahren. Dazu braucht es Feste, Abstand, Welt-Abstand.

Manche meinen, dass »Welt-Abstand« sehr viel mit Religion zu tun hat (»Religion« ist, das zeigen lange Diskussionen und eine noch längere Definitions-Liste der Religionswissenschaft, nicht zu definieren, und auch ein innerstes Wesen der Religion ist daher selbstverständlich nur eher schwer auszumachen – aber was soll's, wir reden ja trotzdem von Religion und daher schreibe ich auch von Religion; möglich, dass keiner ganz genau weiß, was mit Religion gemeint ist; möglich, dass wir uns trotzdem verstehen). Welt-Abstand heißt: Menschen werden von Zeit zu Zeit selbstbezüglich, sie treten heraus aus der Welt, in der sie leben und schauen sie sich an. Sie erleben ihre Freiheit. Sie besinnen sich aufs Ganze. Auf das Leben. Und sie können sich dazu verhalten (das können Tiere allem Anschein nach nicht). Sie können sich zu ihren Leben verhalten, zu der Welt, sie können Lebensmuster erkennen, Lebensfragen und Sinnzusammenhänge. Sie können sich zu Sinn und Unsinn, Glück und Unglück verhalten, zu Geburt und Tod. Mehr noch: Sie müssen sich dazu verhalten – so ist das Leben. Ansonsten wäre die Lebensfähigkeit doch extrem eingeschränkt. (Wenn fünf Zentimeter neben mir ein Dachziegel herabfällt, wird niemand ruhig pfeifend weitergehen können – stattdessen ruft man: Gott sei Dank! Wenn eine Freundin plötzlich stirbt, muss ich mich ebenfalls dazu verhalten, um weiterleben zu können.) Menschen treten aus der Welt, aus sich heraus, manchmal gezwungenermaßen (bei einem Todesfall), manchmal aus relativ freien Stücken (im Sommerurlaub), und wollen »das Ganze« in den Blick nehmen, wollen »alles« wissen und verstehen. Dann stellen sie religiöse Fragen. Dann suchen sie religiöse Antworten. Dann hören und diskutieren sie über ihre kleinen und großen Erfahrungen des Heiligen, lauschen in die Welt.

Religion als Welt-Abstand, das bedeutet: Jede und jeder wird sich von Zeit zu Zeit religiös verhalten müssen, gezwungen von den Lebensumständen selbst. Glücks- und Unglücksfälle verlangen danach, innezuhalten, Abstand zu nehmen, nach Sinn zu fragen, nach dem Heiligen, nach Gott. Das äußert sich natürlich nicht nur in Festen, doch Feste sind sozusagen institutionalisierte Auszeiten, Angebote zum Welt-Abstand und damit implizit immer »religiös« (das heißt noch nicht, dass sie christlich oder gar kirchlich sind, sondern dass sie weltabstandsfähig sind, sozusagen einladen, über Sinn und Unsinn, Gott und die Welt nachzudenken, mehr noch: zu erspüren, dass der Alltag nicht alles ist).

Widerspruch und Zustimmung

Feste sind Widerspruch und Zustimmung zur Welt in einem. Widerspruch, weil sie mit ihrem Zeitsprung, ihren unalltäglichen Gedanken, Wünschen und Träumen die langweilige Realität des Alltags radikal infrage stellen, die Zeit zum Tode hin vergessen. Es könnte doch alles anders sein! Es gibt mehr, als nur das »normale« Leben, jetzt, hier, spürbar für jedermann! Lasst uns feiern! Zustimmung deswegen, weil Feste von einer tiefen Freude grundiert sind, einer Freude am Leben, die den Tod vergessen macht, die das Leben bejaht (das gilt selbst noch für Beerdigungen, denn wer bei Beerdigungen vom Grab zum Leichenschmaus geht und sich halb lachend, halb weinend die schönsten Geschichten aus dem Leben des Verstorbenen in Erinnerung ruft, tut genau dies: das Leben bejahen). Feste bejahen mit all ihren Symbolen und Feierbausteinen die Welt, in der wir leben, als gut – und sie bewahren zugleich die Zerrissenheit der Welt und des Menschseins in sich. Sie bejahen das Leben, zeigen aber zugleich die Unverfügbarkeiten auf, die Grenzen. Sie sind ein Vorgeschmack aufs messianische Friedensreich und machen natürlich Lust auf mehr. Sie zeigen, dass die eine alltägliche Wirklichkeit zu transzendieren ist. (Manchmal, wenn es uns nicht gelingt mitzufeiern, dann erleben wir diese bejahende Freude als kitschig, vordergründig und aufgesetzt – denn der Clou ist, dass, wer wirklich das Wesen des Festes begreifen will, sich wiederum von ihm ergreifen lassen muss, was oft genug passiert, oft genug auch nicht).

Es verwundert daher nicht, dass die unverfügbaren Risse in der Welt und im Leben prinzipiell festproduktiv sind: Geburt, Erwachsenwerden, Familiengründung, Liebe, Tod, Glücksfälle und noch viele kleine und große Zwischenfälle des Lebens zwingen geradezu zum Abstandnehmen – zum Feiern. Feste muss man eben feiern, wie sie fallen. Es gibt Anlässe, die drängen uns zum Welt-Abstand-Nehmen, zur Religion, zum Erinnern und Annehmen des Unverfügbaren, zur Vergegenwärtigung der Zerrissenheit der Welt und damit auch zum Fest.

Das Sein mit dem Herzen ansehen

Wir brauchen also die Feste, dringend. Um Zustimmung zum Leben erfahren und zelebrieren zu können, um unserem eigenen Lebensgefühl Ausdruck geben zu können. Wir brauchen Auszeiten, um selbstbesinnlich zu werden; um gottesbesinnlich zu werden, um sinnbesinnlich zu werden, ohne dabei Bruchstellen und Unverfügbares im Leben zu verleugnen. Im Gegenteil, um sie wahrzunehmen. Um mit ihnen zu leben. Um glänzende Augen zu bekommen, beim Leben. Dabei ist natürlich klar, dass der fromme Wunsch des Kirchenliedes »Unser Leben sei ein Fest« nie vollständig in Erfüllung gehen kann. Niemand kann immer feiern. Doch kann das, was im Fest als Zustimmung und Auflehnung erfahren wird, hinüberwirken in die Alltagswelt. Vorschlag: Religion ist nicht der Glaube an eine übersinnliche Welt, sondern der Sinn dafür, die Welt mit anderen Augen zu sehen, mit glänzenden Kinderaugen, mit einem festlichen Blick. Glaube heißt ja nicht, dass wir irgendwelche abstrusen Inhalte für wahr nehmen sollten. Glaube heißt vielmehr, unser Hier und Jetzt, unser Leben, unsere Welt, unsere Mitmenschen, das Sein selbst mit dem Herzen anzusehen. Festlich. Und von Zeit zu Zeit braucht es dafür expliziten Ausdruck.

Mitten im Alltag

Heute erleben nur noch wenige den sonntäglichen Gottesdienst als Fest. Strukturell ist auch er mit allen Eigenschaften des Festes ausgestattet; er ist am »heiligen Sonntag«, der im Gegensatz zum Werktag steht, es gibt Musik, eine Bühne, etwas zu essen, Ansprachen, geschmückte Altäre und herausgeputzte Menschen. Doch das zieht heute nicht mehr. Der Sonntagsgottesdienst ist nicht mehr oder nur manchmal unser modernes Fest. Die Feste, die im alltäglichen Wochenschema gefeiert werden, sind vor allem Feste in den »Kulturtempeln«. Sich ins Buch versenken, im Kino alles um sich vergessen, im Theater aufgehen, im Museum verschwinden und sich von Musik umwehen lassen – so feiern wir heute kleine private Feste im Alltag. Und das ist nicht wenig! Im Kino und Theater geht es meist ums Ganze: um Leben und Tod. Im Roman bringen Helden wie du und ich ihr Leben mit allerhand Fragen und Antworten mehr oder minder auf die Reihe, und Bilder erlauben uns einen fremden Blick auf unsere Welt. Die meisten Rocksongs sind moderne Psalmen, klagen und fragen und finden Worte, dem eigenen Leben Ausdruck zu geben. Die kleinen privaten Feste der Kultur: Manchmal betreffen uns Gedanken, Eindrücke, Bilder so, dass wir davon träumen, dass wir merken, sie meinen uns, sie bedeuten uns etwas, sie sagen etwas über das Leben, über Gott, über Sinn. Dann findet Religion mitten im Alltag statt. Verständlich, dass der eine oder andere Pfarrer darüber frustriert ist. Seine Fachkompetenz wird hier nicht mehr gebraucht. Die Menschen geben sich gegenseitig den Segen. Sie erzählen sich außerhalb der Kirche von ihrem Lebensglauben. Sie machen Seelsorge am Gartenzaun. Die christliche Überlieferung hat darin nur noch in Grundsymbolen und Weisheiten Platz (immerhin!).

Aber das ist ja nicht alles. Die »großen« Feste werden immer noch gemeinsam mit den Kirchen gefeiert. Da gibt es die Feste im Jahreslauf, im Kirchenjahr. Auch zu ihnen gehen die Menschen regelmäßig, alle Jahre wieder, natürlich besonders zu Weihnachten. Und dann gibt es die anderen, die Feste des Lebens: Taufe, Konfirmation und Firmung, Trauung, Beerdigung, um nur die wichtigsten Stationen zu nennen, daneben noch Schulanfang und -abschluss, Berufsbeginn, silberne und goldene Hochzeiten und sonst noch allerhand. Da werden Bruchstellen des Lebens gefeiert, bejaht, integriert. Da wird nach dem Segen gefragt, nach dem integrierenden Sinn, nach Gott.

Der eine oder andere Pfarrer kommt dann gelegentlich auf den Gedanken zu sagen: Wenn die Leute am Sonntag nicht kommen, brauchen sie auch nicht erwarten, dass wir ihre Traumhochzeit ausrichten! Das ist freilich ein sehr defizitorientierter Blick. (Und dann war es mit der Sonntagspflicht ja auch nicht immer so, wie viele heute denken, dass es sei. Die strengen Glaubensregeln stammen aus der Zeit von Reformation und Gegenreformation, schließlich wurde damals darum gekämpft. Und vorher? Noch 1215 beim IV. Laterankonzil wurde gesagt, es wäre gut, einmal im Jahr beichten zu gehen und die Hostie zu empfangen. Einmal im Jahr – wie ist das also mit den so genannten Weihnachtschristen?) Warum der Missmut der Pfarrer? Warum lieblos gehaltene Trauungen und Taufen? Woher nehmen kirchliche Amtsträger die Überheblichkeit, über das Leben anderer und den Glauben anderer bestimmen zu wollen? Warum nicht ernst nehmen, dass die explizit kirchlichen Feste heute nicht im Sonntagsrhythmus stattfinden, sondern im Jahres- und im Lebensrhythmus? (Und nebenbei gesagt, weil viele kirchliche Vertreter dieses legitime religiöse Bedürfnis der Menschen gerade nicht ernst nehmen, entwickeln sich gegenwärtig freie Hochzeiter, durchaus theologisch gebildete Seelsorger, die Schwule trauen, muslimisch-christliche Mischrituale erfinden oder einfach nur viel Zeit mitbringen, um die Lebensstationen kirchlich enttäuschter Christenmenschen zu feiern.) Fest steht: Modernes öffentliches Christsein ist vor allem ein festliches Christsein im Jahreslauf und Lebenslauf. Von diesen Feststationen wird später noch mehr die Rede sein.

3. Kapitel
Symbole: mit der Wahrheit spielen

Weihnachten – ein Spiel

Wie steht es mit den Weihnachtssternen, den Engeln, den Nikoläusen, den Weihnachtsmännern, dem Kerzenschein in der Dunkelheit, dem Schritt vom eisigen Schnee in die warme Stube, wie steht es mit all den großen und kleinen Weihnachtssymbolen?

Sie sind ein Spiel. Jeder weiß, dass der Nikolaus nicht echt ist. Trotzdem freut man sich, ihn zu sehen. Sie sind ein Spiel mit Symbolen. Zu Festzeiten haben wir einen Sinn für Symbole. Andernfalls würden wir es als sehr lächerlich betrachten, singend unter einem abgesägten Tannenbaum zu sitzen, der mit Alufolie behängt ist, oder im Sprühregen zu stehen und mit Nelken versetzten heißen Rotwein zu trinken, während mit goldenen Flügeln versehene Kinder auf Rathausbalkone treten und Geschichten vorlesen. Weihnachten ist ein Spiel. Und der moderne Glaube insgesamt hat etwas ausgesprochen Spielerisches an sich. Er ist ein Angebot. Er könnte wahr sein, muss aber nicht. Von Zeit zu Zeit – zu Festzeiten –

schlüpfen wir in dieses Angebot mit Haut und Haaren hinein und spielen mit.

Aus dieser spielerischen Haltung heraus macht uns zu Weihnachten sogar die Wahrheit der biblischen Geschichten kein Kopfzerbrechen. Normalerweise sind wir ja sehr kritisch gegenüber dem tradierten Anspruch biblischer Texte geworden, uns etwas Wahres sagen zu können. Wir fragen ständig: Ist das wirklich so passiert? Und jetzt auch noch die Weihnachtsgeschichte! Sie beginnt fast wie ein Märchen: »Es begab sich aber zu der Zeit ...« Und sie geht auch so weiter. Engel treten auf, Könige und ein wundersamer kleiner Held. Höchst fraglich, ob der Weihnachtsabend in Bethlehem so stattgefunden hat – ob er überhaupt stattgefunden hat. Vielleicht ist alles nur eine literarische Fiktion des Lukas, der damit erzählen wollte, dass jener Jesus von Nazareth wirklich der Messias, der Christus von Bethlehem war? Na und!, sagen wir an Weihnachten (an Ostern dagegen scheiden sich an dieselben Frage die Geister). Es ist eine Geschichte, eine Symbolgeschichte. Und als solche wird sie wahr-genommen. Und wenn die gesamte Bibel, das Buch der Bücher, eine literarische Fiktion wäre? Wenn sie Symbolgeschichten enthielte, die sehr viel über Gott und das Leben und uns erzählten? So wie Jesus selbst Symbolgeschichten erzählte, Gleichnisse, wenn er von Gott sprach? Auf diese spielerische Weise können Menschen heute, auch nach der historischen Bibelkritik, die die Herkunft der einzelnen Worte und Sätze erklären wollte, die Bibel ernst nehmen. Auf diese spielerische Weise können sie Religion ernst nehmen. Nicht nur zur Weihnachtszeit.

Das Leitwort einer solchen Haltung lautet »symbolisch«. Und die ist nicht nur zur Weihnachtszeit für moderne Religiosität kennzeichnend. Biblische Texte enthalten für uns Moderne immer noch eine Wahrheit, eine symbolische Wahrheit. Mehr noch, wer sie nicht symbolisch versteht, versteht sie möglicherweise falsch (so wie derjenige erschrecken wird, dem jemand verspricht, ihm sein Herz zu schenken, wenn er nicht augenblicklich kombiniert, es werde sich wahrscheinlich um eine symbolische Ausdrucksweise handeln).

Die Macht der Symbole

Was aber sind Symbole? Symbole haben eine eigentümliche Macht. Will man sie verstehen, lohnt es sich, nach ihrer griechischen Herkunft zu fragen. »Symballein« hieß im Altgriechischen das Zusammenfügen von Bruchstücken. Es gab nämlich den antiken Brauch, beim Abschied unter der Tür kleine Tontafeln zu zerbrechen. Ein Teil blieb im Haus, den anderen Teil nahm der Abschiednehmende mit auf die Reise. Beim Wiedersehen konnten sie zusammengefügt werden, als Zeichen ursprünglicher Zusammengehörigkeit. Symbole waren also Scherben, Bruchstücke, Andenken. Und so ist es mit den Symbolen auch heute: Sie sind Andenken, Lebenszeichen, Bruchstücke, die – im Geist – erst noch ergänzt werden müssen. Sie sind nur ein Teil. Aber sie sind zugleich mehr als das.

Denn Symbole liegen nicht in unserer Macht. (Anders verhält es sich mit Zeichen, zum Beispiel Verkehrszeichen: Sie werden per Übereinkunft festgelegt, und jeder weiß genau, was sie bedeuten. Bei einer roten Ampel hält jeder an, der des Fahrens mächtig ist, bei einer grünen fährt jeder weiter. Verstünden wir die Ampel dagegen nicht als Zeichen, sondern als Symbol, so würden wir anders darauf reagieren: Wir würden uns in das Wechselspiel der Farben versenken, innehalten, weiterdenken. In der Stadt wäre die Hölle los.) Symbole werden geboren und sterben. Sie entstehen in einem Kulturraum und vergehen. Und wer innerhalb dieses Kulturraums lebt, der wird von ihnen ganz unwillkürlich angesprochen, sucht im Geist nach dem Fehlenden. Symbole sind nicht eindeutig festlegbar, sie haben einen ganzen Bedeutungshof. Man kann sie nicht in diskursive Rede übersetzen. Was bedeutet das Kreuz? Der Himmel? Das Herz? Der Satz: Gott wurde Mensch? Wer immer anfängt, diese Symbole zu erklären, muss lange ausholen und wird letztlich nie zu einem Ende finden. Aber wer vor ihnen sitzt und sich in sie versenkt, der versteht sie auch ohne Worte. In unserem Kulturraum sind es die christlichen Symbole, die nach wie vor äußerst lebendig sind, um zwischen Himmel und Erde zu vermitteln.

Symboltheoretiker meinen: Gott hat sich immer schon symbolisch verkörpert, er hat sich »inkarniert«. In Worte. In Gesten. In Bilder. In einem Menschen. Anders als auf diese Weise ist Gott nicht zu haben. Denn was sind Symbole? Sie sind Platzhalter, die Repräsentanten dessen, den sie vertreten. Sie haben aber kraft ihrer Platzhaltertätigkeit teil an dem zu ergänzenden Etwas. Wer den Repräsentanten des Weißen Hauses bespuckt, beleidigt Amerika. Wer das Kreuz umdreht, beleidigt Gott. Ikonen sind Vertreter des Heiligen hier auf Erden. Symbole sind Bruchstücke, die kraft der ihnen eigenen Macht das fehlende Teil immer mit sich herumtragen, im religiösen Fall das »Heilige«, »Gott«. Sie repräsentieren das Heilige, indem sie es entziehen. Sie sind Stellvertreter Gottes, um die wir nicht herumkommen. Anders ist diesseits des Himmels das Heilige nicht zu haben.

Einmal auf den symbolischen Blick gekommen, verändert sich die Welt insgesamt. Sehr viele Dinge können plötzlich zum Symbol für Gott, fürs Universum, das Heilige werden. Vielleicht bringt dann der eigentümlich schwebende Blick aufs Meer im Urlaub mehr als ein Gottesdienstbesuch. Und die Liebesnacht wird zur Spur des Heiligen in der Welt. Symbole sind leibhaft erfahrbar. Sie gehen nicht nur den Verstand an. Sie können eine Erfahrung vermitteln, die religiöse Erfahrung, ohne die Religion sterben würde.

Gott – im Bild

Vorschlag: Modernes Christentum ist symbolisches Christentum. An Weihnachten ist es abzulesen, am modernen Bibelverständnis und überhaupt an unserem Vorgehen, wenn es um Religion geht. Was passiert dann? Zunächst einmal heißt es: Gott lässt sich tatsächlich immer noch in Bildern und Geschichten finden. Auch wenn die Bibel keine wörtliche Offenbarung ist und historische Sicherheit gibt, wer Gott sucht, der kann ihn dort immer noch sehr gut finden – weil er sich darin versteckt und entdecken lässt. In seinen Geschichten, in die wir uns verstricken lassen, die uns Schattenrisse für unser eigenes Leben sind, als Bilder Vorbilder voller Weisheit sein können.

Gott im Bild, immer jedoch mit dem Zusatz: Aber so bin ich nicht ganz. Es ist ja »nur« symbolisch. Glaube ist immer noch Glaube aufs Wort, aber ein Wort ist ein Symbol, mehr nicht, weniger nicht. Wir können Gott beim Wort nehmen. Beim Bildwort. Beim Symbol. Symbolisch glauben, das heißt: Mit Gott verhält es sich anders, ganz anders, als wir es uns vorstellen, als wir sehen können. Er entzieht sich beständig, indem er sich in Symbolen erblicken lässt. Das ist eine ungeheure Chance für die Kirche, sich selbst nicht ernster zu nehmen, als es gut ist. Gott ist immer schon anders. Gott zeigt sich und ist doch immer schon größer. Er ist nicht allein das, was die Kirche von ihm sagt. Was die Bibel von ihm sagt. Was du und ich von ihm sagen.

Gott entzieht sich – verschwimmt er dabei nicht mehr und mehr? Denn der symbolische Blick lässt sich ja immer weitertreiben: Jesus nur ein Symbol? Auferstehung ein Symbol? »Gott«, diese vier Buchstaben, selbst ein Symbol? Auf der anderen Seite erleben wir daher, dass erheblich unsicherer geworden ist, was wir heute über Gott sagen können. Daher ist es nur logisch, dass viele heute nicht an den Unendlichen, sondern an das Unendliche glauben, nicht mehr an den Ewigen, sondern an das Ewige und das Heilige anstelle des einen Heiligen. Pessimisten sagen: Der Glaube ist sehr viel schwammiger geworden, individualisiert, privatisiert, unsichtbar, unaussprechbar. Optimisten wenden ein: Aber er lässt sich immer noch fühlen. Er ist eine Ahnung. Und wer davon spricht, hat keine andere Sprache dafür als die religiöse. Und weiß, dass sie eine symbolische Sprache ist.

Zugegeben, eine Folge dieses modernen symbolischen Glaubens ist: Man spricht nicht mehr so gerne von seinem Glauben. Schließlich weiß keiner genau, welche Gottesvorstellung der andere hat und ob man sich auch verstehen wird. Kennt doch jeder seine eigene private, eben eher verschwommene Vorstellung von der Wahrheit. Also bedient man sich (möglicherweise ironisch gebrochen) vorsichtig der kleinen Symbole der Transzendenz. Man spricht zum Beispiel lieber von Engeln als von Gott. Der Engelsglaube boomt und nimmt Umfragen zufolge zu – wer hätte das in der aufgeklärten Welt gedacht? Engel haben einen großen Vorteil: Sie sind Türsteher, Boten des Heiligen, und in wessen Dienst sie stehen, muss nicht genau erörtert werden. Sie sind Symbole par excellance.

Einschwingen in eine heilige Atmosphäre

Unser Glaube selbst hat sich also verändert, von seinem Wesen her. Manche sind sich gar nicht mehr so sicher, ob er überhaupt Glaube genannt werden kann. Zumindest nicht, wenn man unter Glauben versteht, bestimmte Dogmen zu kennen, bestimmte Lehrstoffe für wahr zu halten, bestimmte Bekenntnisse zu internalisieren. Er ist schwebender, spielerischer, ironischer geworden. Er wird gerade durch die Möglichkeitsform möglich. Nicht durch das Beherrschen des Katechismus. Er wird gerade durch viele kleine und großen Erfahrungen bestimmt, die vielleicht sehr viel sprachloser sind als in vergangenen Jahrhunderten. Manche nennen vieles davon ganz vorsichtig auch Mystik. Und viele schütteln verwundert den Kopf, wenn immer noch Menschen (Kirchenleute) so tun, als gäbe es keine Alternative zu dem wortwörtlichen Verständnis der Glaubensüberlieferung – und sozusagen die Symbolhaftigkeit auch der christlichen Glaubenssprache leugnen. Gerade dadurch werden sie unglaubwürdig, obwohl sie doch das Gegenteil dessen bezwecken. Obwohl das, was sie sagen, weiterhin – symbolische – Glaubwürdigkeit besitzen könnte.

Ein solcher symbolischer Glaube braucht andere Formen der öffentlichen Kommunikation, als es der – sagen wir: herkömmliche Glaube, der konfessorische Bekenntnisakt, erfordert hat. Ein Blick aufs Weihnachtsfest genügt. Hier findet eine symbolische Kommunikation statt, innerhalb und außerhalb der Kirchenmauern, tief religiös grundiert. Man schwingt sich ein in eine heilige Atmosphäre. Die lässt sich fühlen – nicht wissen. Sehr viele verschiedene, ganz individuelle Glaubensvorstellungen kommen hier zusammen, ohne sich gegenseitig auszuschließen. In den Symbolen der Weihnachtszeit können sie sich alle treffen. Und was hier öffentlich begangen wird, das Lauschen, das Einschwingen, das Sich-

Ergreifen-Lassen von einer Atmosphäre, das pflegen viele auch im Kleinen und Privaten und nennen es dann Meditation. Oder Exerzitien.

Namhafte moderne Theologen und Theologinnen haben immer wieder darauf hingewiesen, dass die Zukunft des Christentums eine mystische sein müsse (und das nicht verstanden als asketische Geheimpraxis, sondern als eine konkret persönlich erfahrbare Religionsausübung, vielleicht sogar mitten im Alltag), damit Religion nicht bloße Theorie wird. Und viele andere Theologen nicken dazu, doch scheinen dabei zu vergessen, dass Mystik, Meditation, Alltagsspiritualität oder wie man es sonst nennen will, immer auch etwas sehr Subversives und je Persönliches in sich tragen, etwas Uninstitutionalisierbares. Erfahrung lässt sich nicht einreden. Da hilft keine Predigt. Da hilft kein Wissen. Da hilft vielleicht das Weihnachtskonzert mehr. Die Musik. Die Bildersprache. Die Poesie. Das persönliche Schweigen. So wie es in der Weihnachtszeit für viele möglich wird und von vielen gesucht. Doch da heißt es seitens der Kirche schnell: Sie wissen nicht, was sie tun. Wo bleibt der Diskurs? Das Wort? Das Bekenntnis? Aber wer sagt denn, dass das Wort, auf das sich die Protestanten oft lutherischer und calvinistischer als ihre Gründerväter beziehen, ein reines Verstandeswort sei? Ob nicht vielmehr auch das Wort ein mystisches Wort sein kann? Ein symbolisches eben? Ein Geschichten-Wort? Eines zum Nachspielen? Eines zum Nachlauschen? Nachgehen? Nachfolgen?

Es ist dabei aber beileibe nicht so, dass in diesem scheinbar schwammigen unsichtbaren (mystischen?) Glauben alles beliebig wäre. Es gibt konkrete Themen, um die religiöse Stimmungen heute kreisen. Es wird auf den reichen christlichen Traditionsschatz zurückgegriffen, und auch – von Fall zu Fall – auf das Wissen der Fachleute in Sachen Religion. Wenn wir im Weihnachtsfest weiter lesen lernen, kommen wir nicht nur auf diese veränderten Strukturen des Glaubens, sondern auch auf zentrale Inhalte modernen Glaubens – auf das, was uns heute heilig ist. Und bei diesen Dingen spielt Gott (wir einigen uns weiterhin auf diesen Namen) eine große Rolle. Das übersieht man oft. Dann denkt man, es geht an Weihnachten nur um die bürgerliche Familie oder um das nette Haus oder die Geschenke. In den nächsten Kapiteln will ich die Spuren der Transzendenz sichtbar machen, das Unverfügbare im Verfügbaren, wie es im Weihnachtsfest sichtbar wird. Und wieder gilt: Weihnachten ist überall.

4. Kapitel
Krippe statt Kreuz: Es gibt ein Leben vor dem Tod

Erlösung statt Versöhnung

Aber das Kreuz! Wo bleibt das Kreuz? Das »für uns gestorben«? Der im Kreuz offenbarte Widerspruch zu der Logik der Welt? So fragen mit gutem Grund viele protestantische und katholische Theologen und sind nur dann zufrieden, wenn das kleine Kind in der Krippe schon den leidenden Blick aufsetzt, der an sein späteres Schicksal in Jerusalem erinnert. Denn am markantesten an dem modernen Faible für Weihnachten ist wohl, dass im Mittelpunkt eine Krippe steht und nicht mehr das Kreuz. Ein Kind wird geboren, die Welt zu retten. Kein Schmerzensmann steht am Pfahl, um sich zu opfern. »Fürchtet euch nicht!«, sagt der Engel schlicht. »Siehe, ich verkündige euch große Freude, die allem Volk widerfahren wird; denn euch ist heute der Heiland geboren, welcher ist Christus, der Herr, in der Stadt Davids.« Im Mittelpunkt der Heiligabendreligion steht der neue Anfang, die Geburt, die Neuschöpfung, die Inkarnation. Und das Kreuz? Ostern und die Auferstehung?

Soziologisch lässt sich freilich erklären, dass wir uns in der aufgeklärten und vor allem weltoffenen Gegenwart mit dem Tod und seinen Deutungen schwer tun. Jede Gesellschaft muss, so die Soziologie, mit dem Tod fertig werden, allgemein gültige Antworten auf ihn finden, um lebensfähig zu bleiben und nicht vor lauter Schrecken zu erstarren. Doch unsere moderne Gesellschaft hat nicht mehr nur eine Antwort. Durch den regen kulturellen Austausch und die ausdifferenzierte Gesellschaft liegen eine Menge Deutungsmuster für den Tod parat. Die Medizin spricht vom Hirntod, die Biologie von Nervenreizen, die Wirtschaft vom Ende eines Steuerzahlers, und auch innerhalb der Religionen selbst gibt es eine Vielzahl von Deutungsangeboten des Todes: Leibhafte Auferstehung oder unsterbliche Seele, Reinkarnation oder Weiterleben in der Erinnerung – was ist wahr? Mit dieser Frage müssen wir uns herumschlagen, zumal die Konkurrenz auf dem Weltmarkt der Religionen das Geschäft belebt, im anstrengenden Sinne: Wir Sinn- und Wahrheitssucher haben die Qual der Wahl. Was also soll uns der Tod? Was kommt danach? Wie steht es mit der Auferstehung? Es ist leicht verständlich, dass es in dieser Situation einigermaßen schwer erscheint, etwas Sicheres über den Tod zu sagen. Besser also, man legt sich nicht fest. Man redet nicht darüber. Kein Wunder, dass in dieser gesellschaftlichen Situation die Vorstellungen von Kreuz und Auferstehung in den Hintergrund der religiösen Bildwelt rücken. (Weit verbreitet ist die Vorstellung des »natürlichen Todes«, also die Vorstellung, dass der Tod eben zum Leben gehört, weil der Mensch zur Natur gehört. Sterben darf dann der, der gut gelebt hat, der lebenssatt wie Abraham ist, etwas aus seinem Leben gemacht hat. Auffällig ist, dass die Frage nach dem Sinn des Todes auf diese Weise mit der Frage nach dem Sinn des Lebens beantwortet oder vielmehr umgangen wird. Denn die Frage bleibt: Was ist ein gelungenes Leben?)

Nun ist es natürlich für die christliche Theologie zwar ganz nett zu sehen, dass die Kollegen von der soziologischen Fakultät eine Erklärung für das spürbare Desinteresse an ihrem Herzstück, an Kreuz und Auferstehung, parat haben. Deswegen braucht aber noch nicht die Frage verabschiedet werden, ob es nicht trotzdem auch unter den Bedingungen der Moderne Sinn macht, sich auf eben jenes Herzstück zu konzentrieren. Bange Frage: Sind denn die modernen Weihnachtschristen überhaupt noch echte Christenmenschen? In der Tat, an dieser Stelle muss theologisch weitergedacht werden. Verliert das Christentum sein Zentrum, wenn das Kreuz nicht mehr alles zusammenhält? Ich denke, nein. Anscheinend gibt es immerhin eine Menge Leute, die sich als Christen verstehen, aber auch gut damit leben können, dass das Zentrum am Rand liegt. Wie geht das zu?

Man darf sich nicht täuschen: Die Kreuzestheologie und Passionsfrömmigkeit, die im Mittelalter und der Reformationszeit eine zentrale Rolle spielten, werden in den letzten zwei Jahrhunderten auch seitens der offiziellen Theologie (ich spreche hier vor allem für die protestantische Theologie, weil ich mich da besser auskenne) zurückgedrängt. Die traditionelle Vorstellung von Kreuz und Passion ist vor allem mit der Frage nach der Versöhnung verbunden gewesen. Es wurde ein Szenario ersonnen, in dessen Mittelpunkt ein Gerichtshof steht. Gott ist der Richter. Die Menschen, ja das ganze Menschengeschlecht steht in seiner Schuld, durch die Erbsünde. Der Mensch ist von Gott abgefallen, er will selbst sein wie Gott! Die Strafe für diese Sünde ist der Tod. Jetzt ist aber diese von Generation zu Generation weitervererbte Sünde so groß, dass kein Mensch allein, sondern nur Gott selbst dafür eintreten kann, um sich selbst mit dem Menschengeschlecht zu versöhnen und den Tod zu besiegen, die selbstverordnete Strafe außer Kraft zu setzen. Sonst würde Gott sich ja selbst unglaubwürdig machen. Also musste Gott selbst Mensch werden, um sich dann stellvertretend für alle anderen Menschen zu opfern. Um sich selbst zu versöhnen, am Kreuz. So wurde gedacht. Und manch einem Christenmenschen kommt das vor wie aus dem »Namen der Rose« entsprungen.

Die Theologie der Moderne, angefangen mit dem protestantischen »Kirchenvater« des 19. Jahrhunderts Friedrich Schleiermacher, löst sich von dieser Vorstellung. Statt von Versöhnung wird nun mehr und mehr von der Erlösung gesprochen. Gott hat die Welt erlöst, indem er eine neue Schöpfung begann. Indem er in Jesus Christus ein neues Gottesbewusstsein zeigte. Ein Gottesbewusstsein, das zugleich ein Selbstbewusstsein ist. Jesus ist dann so etwas wie ein Urbild des Menschlichen. Er zeigt, wie menschliches Leben aussieht. Wie ein menschliches Gottesverhältnis aussieht. Der Opfergedanke wird dazu nicht mehr gebraucht. Im Zentrum steht das Kommen Gottes. Wer an mich glaubt, der ist durch das Gericht gegangen, sagt der johanneische Christus. Kein Gericht am Ende der Tage, sondern schon hier der Himmel auf Erden. Eine Vorstellung, die präsentische Eschatologie genannt wird. Es gibt ein erlöstes Leben diesseits des Himmels, ein erlöstes Leben mit einem neuen Gottes-, Menschen- und Weltbewusstsein. Und dieses Leben führt dann immer noch zum Kreuz. Es hat immer noch eine Spitze in der unvorstellbaren Zumutung, dass Gott selbst mitleidet und auf irgendeine Weise ein machtloser Gott ist und sein will. Doch wie gesagt, das ehemalige Zentrum liegt am Rand.

Schwanger mit Gott

Die Frage nach dem Stellenwert des Kreuzes in einer modernen Christologie ist hier natürlich nicht auf ein paar Seiten zu klären, und vielleicht auch nicht mit ein paar Büchern. Weiteren Mut macht aber, die Alte Kirche zu betrachten. Die Kirchenväter hatten nämlich eine durchaus weihnachtliche Christologie, eine Christologie, in deren Zentrum die Inkarnation stand, die Menschwerdung Gottes und damit verbunden auch die Erlösung der Welt. Der Unsterbliche wird sterblich, der Ewige zeitlich! Das war das Skandalon der damaligen Theologie. Gott kommt zur Welt! Und wenn er zur Welt kommt, dann deshalb, um den Menschen zu Gott kommen zu lassen. Oder noch radikaler ausgedrückt: Gott wurde Mensch, damit der Mensch vergottet würde. Christsein hieß damals zuallererst, die Inkarnationsbewegung Gottes im eigenen Leben nachzuzeichnen, schwanger zu gehen mit dem göttlichen Logos. Gott will in mir wohnen! Er braucht den Menschen für seine Geschichte mit der Welt! Er will in mir geboren werden! Er kommt, um den Menschen nicht gottlos sein zu lassen, auf uns zu. Er kommt und macht uns heil. Die Teilhabe am Heil begann mit der Taufe, freilich sehr substanzhaft gedacht. Die Taufe war die Geburt des Logoskindes im Herzen des Gläubigen, die Geburt Gottes selbst in jedem Einzelnen. Dort sollte er wachsen. Der Mensch konnte dadurch nun in seinem Leben Gott in Christus immer ähnlicher zu werden. (Und das Kreuz?, würden die mittelalterlichen Theologen fragen, wo bleibt das Kreuz?)

Die moderne Konzentration auf Weihnachten und den zur Welt kommenden Gott könnte also sehr viel mehr traditionelle christliche Wahrheit enthalten als gedacht. Sie könnte mit Recht darauf pochen: Gott ist der kommende Gott. Er ist, wie Eberhard Jüngel sagt, nicht abwesend oder anwesend, er ist immer auf uns zukommend. Er begegnet uns. Er ereignet sich. Im Wort und seinen Geschichten, denn er hat sich in Worte inkarniert (»Worte des ewigen Lebens«, heißt es in der Sprache der Bibel). Im Du, im Gegenüber des Mitmenschen, denn durch uns leuchtet seine Gegenwart (denn sein Reich ist »inwendig in uns«, sagt die Bibel dazu). Er lässt sich in seiner Schöpfung finden (»Von allen Seiten umgibst du mich und hältst deine Hand über mir«, sagt die Bibel dazu). Gott als der zur Welt kommende Gott: Auf diese Weise ist die »Inkarnation« kein merkwürdig überaltertes Wort aus der Welt einer überkommenen Metaphysik. Auf diese Weise ist und bleibt die Inkarnation die Grundfigur des Christentums, von den Anfängen an bis heute. Inkarnation heißt: Gott kommt zur Welt. Gott kommt sogar als Mensch zur Welt. Im Menschenwort. Im Menschentun. In uns.

Gott wurde und wird Mensch – dieser altkirchlich so hoch gehaltene Satz ist natürlich noch skandalöser, wenn er an Weihnachten gelesen wird. Da nämlich heißt es: Gott wurde Kind. Gott wurde arm. Gott wurde ohnmächtig. Überraschender geht's nicht. Und das ist im Übrigen auch dieselbe paradoxe Figur wie sie auch im Kreuz zu finden ist. Groß wird klein und klein wird groß. Göttlich wird menschlich und menschlich wird göttlich. Unendlich wird endlich und endlich wird unendlich. Das ist nicht nur Kitsch. Damit lässt sich Theologie treiben.

Ich will nun einige dieser weihnachtlichen (also christlichen) Grundsymbole, auch wenn es sich bei ihnen nicht um das Kreuz handelt, auf ihre Theologiefähigkeit hin überprüfen.

5. Kapitel

Die Geburt in Bethlehem: ein neues Zentrum der Bibel

Ein Griff zur Bibel

Als Erstes, wie für Theologen üblich, der Griff zur Bibel, zur Urkunde des Christentums. Denn wenn in der Gegenwart vor allem zu Festzeiten der Kontakt mit Kirche und Privatreligion gesucht wird, dann bedeutet das: Ganz bestimmte biblische Texte, die damit verbunden sind, geraten in den Fokus der Aufmerksamkeit. Es handelt sich natürlich um die klassischen Texte für den Weihnachtsgottesdienst und um die Texte, die bei den biografischen Festen wie Taufe, Hochzeit oder Beerdigung eine Rolle spielen. Sie sind so etwas wie ein kleiner Kanon im Kanon geworden. Zunächst die Weihnachtstexte (die anderen werden nach und nach noch an die Reihe kommen).

Die zentralen biblischen Worte des modernen Weihnachtschristentums umspielen alle die heilige Geburt. »Siehe, eine Jungfrau ist schwanger und wird einen Sohn gebären, den wird sie nennen Immanuel« (Jesaja 7,14). »Denn uns ist ein Kind geboren, ein Sohn ist uns gegeben, und die Herrschaft ruht auf seiner Schulter; und er heißt Wunder-Rat, Gott-Held, Ewig-Vater, Friede-Fürst; auf dass seine Herrschaft groß werde und des Friedens kein Ende auf dem Thron Davids und in seinem Königreich, dass er's stärke und stütze durch Recht und Gerechtigkeit von nun an bis in Ewigkeit« (Jesaja 9,5f.). »Und es wird ein Reis hervorgehen aus dem Stamm Isais und ein Zweig aus seiner Wurzel Frucht bringen. Auf ihm wird ruhen der Geist des Herrn, der Geist der Weisheit und des Verstandes, der Geist des Rates und der Stärke, der Geist der Erkenntnis und der Furcht des Herrn« (Jesaja 11,1f.). Wegen dieser Worte ist Jesaja zu dem wichtigsten, zu dem am meisten rezipierten alttestamentlichen Prophetenbuch geworden. Um diese Worte zu hören, gehen wir noch heute in den Gottesdienst.

Dazu kommen natürlich die klassischen Weihnachtsgeschichten nach Lukas und Matthäus. Alle vier Evangelien haben so etwas wie einen Vorspann, ein Vorwort, in dem in wenigen Strichen die Hauptzüge ihres Christus-Porträts vorgestellt werden. Diese Vorworte wollen die Herkunft des wundersamen Jesus klären. Sie sind so etwas wie das Vorzeichen, das die Tonart angibt, unter der das gesamte nachfolgende Evangelium gelesen werden soll. Und im Grunde umkreisen diese Vorworte der Evangelien alle die Frage: Wie geht es zu, dass Jesus von Nazareth wirklich und wahrhaftig der (biblisch bezeugte und prophezeite) Christus von Bethlehem ist (Christus ist ja kein Nachname, sondern der Ehrentitel Messias)? Und wenn Christus, was hat dann das Leben dieses Jesus Christus für uns zu bedeuten? Diese Geburtsgeschichten sind also mitnichten ein wenig abseitige Legenden, wie die historisch-kritischen Exegeten oft genug glauben machen möchten. Natürlich sind sie »spät« zu datieren. Natürlich gehören sie nicht zum Urstoff der Jesus-Überlieferung oder gar zu den mühsam herauszupräparierenden »originalen« Jesus-Worten, schließlich ist Jesus selbst noch ein kleiner Schreihals. Aber diese Geburtsgeschichten sind, allein schon durch ihre exponierte Stellung zu Beginn der jeweili-gen Christus-Portraits, Zentralstücke neutestamentlicher Christologie. So wollen es die biblischen Autoren, und so sollten sie auch von uns gelesen werden.

Sinngeschichten

Nun ist diese neutestamentliche Christologie glücklicherweise nicht in Dogmen gefasst, sondern sie ist vor allem Poesie. Die Evangelisten schreiben Sinngeschichten, die im Modus des Erzählens verdeutlichen sollen, was Jesus die spätere Hauptfigur ihrer Evangelien, bedeutet. Wen er repräsentiert. Wer er ist. Wer er für die Leser, für uns, sein soll. Das ist eine legitime, in den Schriften des Alten Testaments und den jüdischen Auslegungen weit verbreitete Methode. Die alten Texte, die heiligen Schriften, die Verheißungen Gottes müssen, so wurde damals gedacht, immer wieder in Beziehung gesetzt werden mit der Gegenwart (und so denken wir ja heute auch noch, weswegen es ja bei uns bis heute eine Auslegung von Fachleuten gibt, die Predigt). Denn der Gott der Bibel ist ein geschichtlicher Gott, ein Gott der Geschichte, einer der sich nicht immer gleich bleibt, sondern sich in unsere Geschichte einmischt. Einer, der sich in unsere Geschichten verstrickt. Und man denke nicht, Geschichten, Worte, Bücher seien machtlos. Ein Buch ist eine andere Welt. Und Lesen ist ein Tauchgang in diese Welt. Wer wieder auftaucht, ist möglicherweise ein anderer Mensch geworden. Hat Erfahrungen gemacht. Hat selbst mitgespielt in den Geschichten.

Die neutestamentlichen Theologen haben die heiligen Schriften der jungen Christenheit (also die jüdischen Schriften, das so genannte Alte Testament, ihre eigene Tradition) für sich und für die Nachwelt neu lesen gelernt. Sie haben im Christusereignis (so nennt man heute gewöhnlich ein wenig vorsichtig geworden die historisch relativ sichere Annahme, dass ein Mann namens Jesus aufgetreten ist, seine Mitwelt begeistern konnte, dafür gestorben ist und dass auf irgendeine Weise damit nicht Schluss war) einen neuen hermeneutischen Schlüssel für die alten Worte gefunden, sodass sie ausrufen konnten: »Brannte nicht unser Herz in uns, als er mit uns redete auf dem Wege und uns die Schrift öffnete?« (Lukas 24,32). Sie haben von daher die alten Texte neu verstehen gelernt und davon erzählt. Die Mustergeschichte dieses Lesevorgangs ist die Geschichte vom Kämmerer, der zwar die Propheten studiert, aber auf die Frage »Verstehst du auch, was du liest?«, nur den Kopf schütteln kann (Apostelgeschichte 8,26 ff.). Die Evangelien sind neuerzählte alte Geschichten und umgekehrt alte Geschichten, die nun transparent geworden sind für etwas völlig Neues. Man sagt auch »Erfüllung der Schrift« dazu. Weil für die neutestamentlichen Autoren in Jesus die Geschichte Gottes entscheidend weitergeht und neu wird, es aber immer noch dieselbe Geschichte Gottes mit den Menschen ist, erzählen sie mit Bildern von ihm, die jeder, der ebendiese alten heiligen Schriften kennt, versteht.

Johannes wählt als Einstieg den alles transzendierenden Anfang, den Anfang vor dem Anfang und entwickelt von daher seine Präexistenz-Christologie. Markus lässt sein Evangelium mit der Taufe Jesu im Jordan beginnen, also nicht mit der Geburt, sondern mit der Wiedergeburt in Gott. Nur Matthäus und Lukas führen die Geburt Christi erzählerisch aus. Es folgt nun ein kleiner Exkurs über die biblischen Geschichten, die an Weihnachten immer wieder gelesen und gehört werden, und von denen anzunehmen ist, dass sie sehr viel mehr als wir uns das gemeinhin klarmachen das Jahr über weiterwirken.

Die Geschichten gehen in Erfüllung: Matthäus

Für Matthäus ist es in seiner Geburtserzählung wichtig, die Bedeutung Jesu für das Judentum und alle anderen Völker von vorneherein klarzumachen. Die Überschrift seines Evangeliums lautet: »Buch der Geschichte Jesu Christi, des Sohnes Davids, des Sohnes Abrahams.« Wenn man genau liest (und das erwartet freilich Matthäus von seinen Lesern), so werden hier drei Anwärter auf Vaterschaft Jesu vorgestellt: Zunächst einmal soll Jesus von David abstammen, dem Urbild eines Königs für die Judenheit und als Psalmendichter der Beter vor Gott schlechthin. Auf die Wiedererrichtung seines Königtums konzentrierten sich damals viele nationale Hoffnungen, und der Familie Davids galt die ewige Zusage des Beistands Gottes. Zweitens soll Jesus auch noch von Abraham abstammen. Der Name Abraham, zu Deutsch »Völkervater«, steht für die Verheißung des Segens für alle Völker dieser Erde. Hier also Partikularismus, dort Universalismus: Wie geht das zusammen? So fragt sich der Leser gespannt und muss das ganze Evangelium lesen, um eine Antwort zu bekommen. Doch dazu kommt noch die dritte Vaterschaft, die mit dem Zusatz »Christus« verbunden ist. Denn Christus ist ja nicht Jesu Nachname, sondern ein Titel, der Titel des Messias, von dem

Gott selbst sagt: »Dies ist mein geliebter Sohn ...« Abraham, David, Gott selbst: drei Stammväter Jesu? Wie geht das zu?

Die »irdische Genealogie« des Wunderkinds erzählt Matthäus nach dem Schema alttestamentlicher Stammbäume von Abraham über David, über allerhand Tiefpunkte und Wendepunkte der jüdischen Geschichte bis zu Jesus hin und stellt Jesus daher als Zielpunkt der ganzen Geschichte Gottes von der Schöpfung her dar. Die »himmlische Abstammung« verpackt Matthäus dagegen in eine Geschichte, eine Erfüllungsgeschichte alter Worte, der Worte, die allesamt als messianische Prophezeiung verstanden werden konnten.

»Mit der Herkunft Jesu Christi aber war es so: Als seine Mutter Maria mit Joseph verlobt war, bevor sie zusammengekommen waren, zeigte sich, dass sie schwanger war vom Heiligen Geist. Joseph aber, ihr Mann, der gerecht war und sie nicht bloßstellen wollte, beschloss, sie heimlich zu verlassen. Als er aber dieses überlegte, siehe, da erschien ihm ein Engel des Herrn im Traum und sprach: Joseph, Sohn Davids, fürchte dich nicht, Maria als deine Frau zu dir zu nehmen; denn das in ihr Gezeugte ist aus heiligem Geist. Sie wird einen Sohn gebären, und du sollst ihm den Namen ›Jesus‹ geben, denn er wird sein Volk von seinen Sünden retten. Dies alles ist geschehen, damit erfüllt wurde, was der Herr durch den Propheten gesagt hat, der da spricht:

›Siehe, die Jungfrau wird schwanger sein
und sie wird einen Sohn gebären,
und sie werden seinen Namen nennen: Immanuel,
das heißt übersetzt: Gott ist mit uns‹.

Joseph aber, aufgewacht vom Schlaf, tat, wie ihm der Engel des Herrn befohlen hatte, und er nahm seine Frau zu sich. Und er erkannte sie nicht, bis sie einen Sohn gebar und er gab ihm den Namen ›Jesus‹.«

(Matthäus 1,18–25)

Die Erzählung dieser Geburt ist als Erfüllungsgeschichte aus dem Jesaja-Zitat (7,14) gestrickt (und dass das hebräische Wort »almah«, junge Frau, ins Griechische mit »parthenos« übersetzt wurde, was Jungfrau heißt, weswegen für die poetische Relektüre des Matthäus eine »Jungfrauengeburt« nötig wurde, ist mittlerweile hinlänglich bekannt). Ihren Zielpunkt hat die Geburtsgeschichte nach Matthäus in dem Namen des Kindes »Immanuel«, zu Deutsch »Gott mit uns«, ein Name, der aus Jesaja bekannt ist. In diesem Kind, das verheißt der Name, ist wirklich Gott bei uns. Das ist das Wichtigste, was Matthäus zu sagen hat. Hier siehst du, wie Gott bei uns ist. In diesem Kind. In seinem Porträt. In seinen Geschichten. In seinem Leben. So ist Gott bei uns. Und die Schlussworte des Matthäus-Evangeliums werden diese Zusage noch einmal abschließend aufnehmen: »Mir ist gegeben alle Gewalt im Himmel und auf Erden ... Und siehe, ich bin bei euch alle Tage bis an der Welt Ende.«

In Jesus kommen für Matthäus alle alten biblischen Gottesbeziehungen zusammen. Alle lassen sich in ihm zugleich wiederfinden. Abraham, der Gott glaubte und einfach alles hinter sich ließ und loszog ins Neuland mit der Verheißung des Segens für alle. David, der Beter und Sänger vor Gott, der Krieger mit der Verheißung der vollendeten Herrschaft. Außerdem Mose, der Freund Gottes, der Übermittler der gesamten Tora (wie Mose entkommt Jesus nur knapp dem Kindermord, zieht erst nach Ägypten, um dann von dort wieder ins gelobte Land zu ziehen und wird auf einem Berg bei der Bergpredigt das neue Gesetz verkünden). In der Sprache der Theologie des Matthäus heißt das »Erfüllung«. In Jesus erfüllen sich alle alten Geschichten der Gottesbeziehung. In Jesus sind sie allesamt aktualisiert, erneuert und damit überboten. Denn von Jesus sagt Gott selbst: Dies ist mein geliebter Sohn! Soweit Matthäus.

Die ganz andere Geburt: Lukas

Die Weihnachtsgeschichte des Lukas betont dagegen anderes. Lukas ist der Grieche unter den Evangelisten und orientiert sich an seiner Darstellung der Lebensgeschichte Jesu an der Septuaginta, der griechischen Übersetzung der hebräischen Bibel. Seine Sprache imitiert geradezu die alten Texte, als ob er damit verdeutlichen will, dass er in der legitimen Nachfolge der alttestamentlichen Erzähler steht. Zunächst stellt Lukas zwei Geburtsankündigungen nebeneinander, einmal die Geburtsankündigung an Elisabeth, die Mutter des Johannes, einmal die Geburtsankündigung an Maria, die Mutter Jesu. Bei Elisabeth geht dabei alles zu wie aus den Geburtsgeschichten der Genesis bekannt, vor allem aus der Geburtsankündigungsgeschichte an Abraham und Sara. Elisabeth ist eigentlich zu alt, um Kinder zu bekommen. Doch Gott erbarmt sich. Das ist ein Wunder »nach altem Muster«. Und ihr Sohn Johannes wird auch ein Prophet »nach altem Muster« werden.

Anders bei Maria. Sie ist nicht alt, sondern jung, und das Wunder, das ihr prophezeit wird, überbietet alle bisherigen Geburtswunder aus der Geschichte Gottes mit seinem Volk. Sie soll schwanger werden durch den Heiligen Geist (der Bote Gottes heißt so, wie seine Botschaft lautet: Gabri-El, zu Deutsch »Mein Mann ist Gott«). Das ist ein Wunder ohne biblisches Vorbild. Und so wird auch der Sohn der Maria etwas völlig Neues bringen. Und anders als Sara und Abraham oder Elisabeth und Zacharias glaubt Maria bedingungslos der Zusage Gottes. Mehr noch, sie lobt Gott. Sie erhöht Gott in ihrem Lobgesang, wie er sie erhöht hat. Schließlich macht sie Gott zu dem, was er alleine nicht werden konnte, zum Vater. Dann folgt die bekannte Geburtsgeschichte, alle Jahre wieder in unseren Kirchen zu hören.

»Da geschah es in jenen Tagen, dass ein Gebot vom Kaiser Augustus ausging, dass der ganze Erdkreis geschätzt würde. Diese Schätzung erfolgte als Erste, als Quirinius Statthalter von Syrien war. Und alle wanderten, um sich schätzen zu lassen, jeder in seine Stadt. So zog auch Josef von Galiläa aus der Stadt Nazaret hinauf nach Judäa in die Stadt Davids, die Bethlehem genannt wird, weil er aus dem Haus und Stamm Davids war, um sich schätzen zu lassen mit Maria, seiner Verlobten, die schwanger war. Da geschah es, als sie dort waren, dass sich die Tage, da sie gebären sollte, erfüllten, und sie gebar ihren ersten Sohn und wickelte ihn und legte ihn in eine Krippe, weil im Wohnraum kein Platz für sie war. Und Hirten waren in dieser Gegend draußen und hielten nachts Wache über ihre Herde. Und ein Engel des Herrn trat zu ihnen, und die Herrlichkeit des Herrn umleuchtete sie, und sie gerieten in große Furcht. Und der Engel sprach zu ihnen: Fürchtet euch nicht; denn siehe, ich verkündige euch Frohbotschaft, eine große Freude, die für das ganze Volk sein wird; denn euch wurde heute der Retter geboren, der Christus, der Herr, ist, in der Stadt Davids. Das ist euch das Zeichen: Ihr werdet den Säugling gewickelt und in einer Krippe liegend finden. Und sogleich war eine Menge des himmlischen Heeres mit dem Engel, die lobten Gott und sagten:
Herrlichkeit in der Höhe Gott
und auf Erden Friede
unter den Menschen des göttlichen Wohlgefallens.
Und es geschah, als die Engel von ihnen weggingen in den Himmel, redeten die Hirten zueinander: Lasst uns doch nach Bethlehem gehen und diese Sache sehen, die da geschehen ist, die der Herr uns berichtet hat. Und sie gingen schleunigst und fanden Maria und Josef und den Säugling in der Krippe liegen. Als sie das sahen, berichteten sie von dem Wort, das zu ihnen über dieses Kind geredet worden war. Und alle, die es hörten, staunten über das, was von den Hirten zu ihnen geredet wurde. Maria aber bewahrte all diese Worte und bewegte sie in ihrem Herzen. Und die Hirten

kehrten zurück, priesen und lobten Gott über alles, was sie gehört und gesehen hatten, wie es zu ihnen geredet worden war.«

(Lukas 2, 1–20)

Die Geburts-Geschichte nach Lukas beginnt in Rom, beim Heiland der Römer, beim politischen Gott-Kaiser Augustus. Mit ihm, so glaubten die Römer, bricht das von Vergil vorausgesagte »goldene Zeitalter« an. Und immerhin brachte Augustus dem Reich Frieden. Doch Lukas stellt dem großen Rom, dem Nabel der Welt, das kleine Bethlehem gegenüber, die Stadt, aus der seit dem Propheten Micha der wahre, messianische Friedensfürst kommen soll. Dagegen verblasst der römische Kaiser. Lukas macht deutlich: Das neue Zeitalter hat durch eine ganz andere Geburt angefangen, durch die Geburt in Bethlehem. Es ist die Geburt des »Heilands«, des »Retters«, ein Titel, der sowohl Juden wie Griechen geläufig war.

Soweit der kleine Ausflug in die biblische Geschichtenwelt von der heiligen Geburt, die wir uns Jahr für Jahr vergegenwärtigen. Und diese Texte wirken weiter, das ganze Jahr über, und zwar als Poesie.

6. Kapitel

Die heilige Geburt: geburtlich leben

Ein besonderes Geburtstagsfest

Nähern wir uns jetzt dem Material moderner weihnachtlicher Religiosität, so fällt natürlich als Erstes auf, dass alle Welt sich um ein Neugeborenes schart. Im Zentrum der Weihnachtsgeschichte steht die Geburt des Kindes, eine heilige Geburt. Im Zentrum der Krippen, die in Kirchen, auf Christkindlmärkten und in unseren Häusern stehen, liegt ebenfalls das neugeborene Christuskind, und alle pilgern herbei, um das Kind zu sehen, vom Hirt bis zum Magier. Und irgendwie stehen wir ja mit unserer Weihnachtsreligiosität in der Nachfolge eben jener Figuren. Es geht um die Geburt. Um den Anfang. Um das Woher. Diese Geburt spielt mindestens zweimal pro Jahr eine große Rolle für uns, an Weihnachten und an unserem Geburtstag (und dann noch ein paar Mal mehr, wenn wir zu den Geburtstagen unserer Freundinnen und Freunde geladen sind und schon wieder ein Geschenk aussuchen müssen). Es ist nicht nur unter Kindern bekannt, dass man sich, was man zu Weihnachten nicht bekommen hat, zum Geburtstag noch einmal wünschen kann. Weihnachten und Geburtstag korrespondieren miteinander. An Weihnachten feiern wir, dass wir alle Kinder Gottes sind, am Geburtstag feiern wir jeweils unsere eigene heilige Individualität.

Die individuelle Geburtstagsfeier mit Geschenken und Torten und Kerzenkranz ist ein ebenso modernes Phänomen wie der Weihnachtsrummel. Freilich, schon im alten Rom wurde Geburtstag gefeiert. Die römischen Bürger ehrten am Gedenktag ihrer Geburt in einem Gottesdienst ihren Genius (eine Art Schutzengel). Bei Kaisern und hervorragenden Staatsmännern gab es öffentliches Treiben oder Wagenrennen. Und auch Städte oder Tempel konnten Geburtstag haben, der Jahr für Jahr gefeiert wurde. Doch muss man genau hinsehen. Diese Art der Feier ist von unserem modernen Geburtstagsfest an einem wichtigen Punkt unterschieden: Für die antike Geburtstagsfeier war der Zyklus wichtig. Geburtstage von Kaisern spielen sozusagen im Jahreskreislauf eine Rolle. Sie waren öffentliche Feiertage, bei denen der Himmel angerufen wurde. Der wievielte Geburtstag gefeiert wurde, war dagegen unwichtig. Ebenso im Mittelalter, als (ganz parallel zur römischen Genius-Verehrung) die Namenstag-Feier aufkam, also der Tag der Wieder-Geburt in der Taufe gefeiert wurde. Damit wurde eigentlich der jeweilige Heilige verehrt, nicht die einzelne Person. Es kam nicht darauf an, wie alt derjenige war. Es war wichtig, sich zyklisch auf einen himmlischen Beschützer zu berufen.

Ganz anders heute: Wir zählen die Jahre. Wir feiern die ganz individuelle Lebensgeschichte des Einzelnen. »Man wird nur einmal zwanzig, dreißig, vierzig ...« sagen wir dazu und stoßen auf denjenigen an, den es diesmal getroffen hat, und ignorieren, dass wir den Satz mehrfach im Jahr zu unterschiedlichen Personen sagen, sodass es mitnichten so ist, dass wir nur einmal dreißigsten, vierzigsten, fünfzigsten Geburtstag feiern. Wir anerkennen die Einzigartigkeit von uns und unseren Freunden. Wir alle sind einmalig geborene Wesen. Jeder für sich. Das »muss« man feiern, allein schon, um seine Lebenszeit nicht bewusstlos vorbeistreichen zu lassen. Die Geschenke, die wir zum Geburtstag (und genauso an Weihnachten) überreichen, unterstreichen alles das. Wir sind einmalig.

Es ist sehr viel von der Sterblichkeit des Menschen in der Philosophiegeschichte des Abendlands die Rede, von der Geburtlichkeit dagegen wenig. Möglicherweise hängt es auch damit zusammen, dass die meisten überlieferten Philosophen Männer sind, und möglicherweise ist es daher kein Zufall, dass eine Frau, Hannah Arendt, im zwanzigsten Jahrhundert das Stichwort »Geburt« und »Geburtlichkeit« in den philosophischen Diskurs eingebracht hat. Möglicherweise ist es aber wiederum auch kein Zufall, dass das erst in unserer modernen Welt geschieht, in einer Zeit, die das Individuum, die Persönlichkeit, das »Selbst« oder wie immer man es nennen will, entdeckt und hervorgebracht hat. In der die »Selbstfindung« zur Hauptaufgabe sinnerfüllten Lebens ausgerufen wurde. In der wir alle wirklich als unverwechselbar erlebt werden. Und dieses Leben beginnt nun mal mit der Geburt.

Unsere Geburt bestimmt unseren Alltag sehr viel mehr, als wir uns bewusst sind. Natürlich deshalb, weil jeder geboren werden musste, um am Leben zu sein. Aber es geht noch weiter: Wie bin ich geboren? Wo bin ich geboren? Wann bin ich geboren? Welche Anlagen habe ich seit meiner Geburt? Die bürgerliche Identität des Einzelnen wird durch seinen Geburtsnamen, seinen Geburtstag, seinen Geburtsort, sein Geburtsland (»Nation« kommt von nasci, geboren sein) festgelegt. Es geht uns um unsere Herkunft. Und es wird uns, dazu braucht man kein Prophet zu sein, in Zukunft noch viel mehr um die Herkunft des Menschen gehen, der Gentechnik sei Dank.

Mit dem Christentum ist nicht nur der Gedanke des ewigen Lebens nach dem Tod entwickelt worden. Damit verbunden ist ja ganz automatisch die Einmaligkeit jedes Einzelnen, die heilige Geburt. Denn mit ihr entsteht eine kleine Unendlichkeit. Jeder von uns trägt sie in sich. Doch das ist nicht alles. So wie der Mensch sterblich und sich seiner Sterblichkeit bewusst ist und damit umgehen muss, so ist er auch geburtlich, anfänglich, initiativ und muss damit umgehen. Der Mensch ist immer Anfänger. Er ist nicht nur dasjenige Lebewesen, das um sein Ende weiß und darum mit Sorge bangt. Sondern er ist auch dasjenige Lebewesen, das um seinen Anfang weiß. Um die Kunst des Anfangens weiß. Der immer wieder neu anfängt. Der Möglichkeiten hat. Der Umkehren kann und von neuem beginnen. Der mit seiner Fantasie immer alles neu macht, auch sich selbst neu entwirft. Nie ist der Mensch mehr Anfänger als zu seiner Geburt. Aber er bleibt es bis zuletzt, und vielleicht ist der Tod auch nichts anderes als ein neuer Anfang.

Menschwerdung als Aufgabe

Manche meinen, und das ist eine sehr erschütternde Vorstellung, wenn die Gentechnik über uns kommt, verschwindet das alte Bild, das der Mensch von sich hat. Dann wird der Mensch überhaupt anders. Dann verschwindet jeder moralische Impuls. Dann muss ich ja nicht gut sein, denn dann bin ich nicht von Gottes Gnaden wie ich bin (und zur Freiheit geschaffen), sondern von Menschen Hand gemacht (genetisch festgelegt worden). Dann bin ich nicht mehr geboren, sondern gemacht. Nicht mehr frei, sondern vorprogrammiert. Das freilich würde eine Kränkung des menschlichen Ichs bedeuten, die alle anderen Kränkungen der modernen Naturwissenschaften weit überbietet. Wir haben uns schließlich schon viel anhören müssen: Erst erklärte uns Kopernikus, diese unsere Welt inklusive dem Menschen sei nicht der Mittelpunkt des Alls, sondern irgendein unbedeutender Planet am Rande des alle unsere Vorstellungen transzendierenden Universums. Dann erklärte uns Darwin, der Mensch stamme mitnichten wie gedacht von Gott persönlich ab, sondern schon eher vom Affen. Und schließlich kam Freud, der uns diese zwei Kränkungen der menschlichen Selbstliebe vor Augen führte, nicht ohne noch eine Dritte hinzuzufügen. Er nämlich erklärte uns, wir seien gar nicht Herr im Haus unseres Ichs, sondern nichts anderes als eine Triebmaschine.

Und nun?

Die neue Kränkung, die Vierte. Wir Menschen sind womöglich vorprogrammierbar. Nicht nur das reproduzierende Klonieren, nicht nur das Klonen von ganzen Menschen könnte diese unsere Vorstellung von uns selbst vorantreiben, auch schon das vielerorts begrüßte therapeutische Klonieren verändert das, was wir von uns selbst denken. Der Mensch ist Rohstoff. Aus ihm wird was gebaut. Er ist machbar.

Ich denke, es macht trotzdem guten Sinn, nicht alle Hoffnung fahren zu lassen. Der Mensch, auch ein wie immer beeinflusster neuer Mensch ist, wenn er wirklich Mensch ist, initiativ, kreativ, anfänglich, fantasievoll. Und damit hängt auch der moralische Impuls zusammen. Der Mensch bleibt nicht, was er ist. Er wird immer erst Mensch. Er ist geboren und bleibt geburtlich. Sein Leben lang.

Das Symbol dafür ist die Taufe, und die gilt selbstverständlich nicht nur an Weihnachten, sondern ein Leben lang. Und sie macht für viele heute noch Sinn, nicht substanzhaft wie in früheren Zeiten, sondern eben als Symbolhandlung. Menschen sind und müssen noch Menschen werden. Das treibt uns ein Leben lang um. Da tut es gut, Rückendeckung zu bekommen, den Segen für das Leben zu erbitten. Den Anfang als Anfang zu feiern und gleichzeitig in den Blick zu nehmen, dass Menschen ein Leben lang die Aufgabe der Menschwerdung vor sich haben. Manche Pfarrer unterwerfen zuerst die taufwilligen Eltern einer harten Katechismusprüfung. Ob sie wohl ihr Kind auch wirklich christlich erziehen können. Ob die Paten denn überhaupt fest in die Gemeinde eingebunden sind. Geht es darum?

7. Kapitel

Die heilige Kindheit: Wenn wir nicht werden wie die Kinder

Die Entdeckung der Kindheit

Folgen wir der Symbolspur des Weihnachtsfestkreises weiter, so kommen wir zu den Kindern. Weihnachten ist ein Kinderfest. Mit Kindern Weihnachten zu feiern ist am schönsten. Wir selbst werden kindlicher als sonst üblich und sitzen um ein Kind herum im Kreis, das Gott repräsentieren soll. Ein Gotteskind wird verehrt und zugleich der eigenen Kinderzeit gedacht.

Diese Verehrung des Kindlichen und der Kindheit ist etwas typisch Modernes. Kinder an die Macht! Forever young! Holder Knabe mit lockigem Haar! Kulturkritiker beobachten seit längerem einen Wandel: Die Leitbilder der Kultur werden immer jünger, Kinder- und Teenagerpopstars treten auf. Frauen sollen und wollen aussehen wie junge Mädchen, ohne ausgeprägte weibliche Körperformen. Die Werbung und Wirtschaft gaukelt uns ein Bild ewiger Jugendlichkeit vor. Das war nicht immer so, und die Klage unserer alten Menschen, früher wäre ihnen aber mehr Achtung entgegengebracht worden, könnte mehr sein als reine Früher-war-aber-besser-Rhetorik. Die Bewunderung der Kindheit hat sich wohl tatsächlich erst mit unserer modernen Zeit entwickelt, mit ihren Vor- und Nachteilen. Die Nachteile wollen wir den anderen überlassen und uns einmal auf die Stärken dieses Wandels konzentrieren.

Ein kurzer geschichtlicher Rückblick: Wie es scheint, haben erst in der Moderne die Menschen die Kindheit als besonderen Lebensabschnitt entdeckt. In der Antike konnten Kinder zwar Symbolgestalten des neuen Anfangs werden, doch galten sie als unfertige Menschen, niemand wünschte sich, ein Kind zu sein. Im Mittelalter liefen die Kinder einfach so mit. Sie spielten dieselben Spiele wie die Erwachsenen. Sie wurden weder von Obszönitäten noch Sexualität fern gehalten. Sie lebten ungefähr ab dem Alter von sechs Jahren, also sobald sie einigermaßen selbstständig waren, in der Welt der Erwachsenen und waren ihnen auch rechtlich gleichgestellt. Irgendwann entwickelte sich ein Abstandsbewusstsein zu den Kindern. Je ausdifferenzierter, je gebildeter die Gesellschaft wurde, desto mehr sah man plötzlich in den Kindern noch nicht die vollgültigen Menschen. Kinder waren nun kleine Natur-Wesen, die erst noch zu Kultur-Menschen gemacht werden müssen, durch die Erziehung. Ab jetzt gab es extra Räume für Kinder, extra Literatur, extra Schulen, extra Kleidung, extra Spiele.

Gleichzeitig mit dieser Ausgrenzung der Kinder scheint etwas Gegenläufiges passiert zu sein. In dem Moment, in dem man sich selbst und die Kinder deutlich trennte, sah man zugleich, dass Kinder etwas Ursprüngliches, Unverfälschtes, Unverformtes an sich haben. Ende des 18. Jahrhunderts entdeckte man, dass die gesellschaftlichen Zwänge, die zunehmende Industrialisierung, Rationalisierung und Ausdifferenzierung der Gesellschaft die Menschen entfremdete, sich selbst von sich selbst fremd machte. »Zurück zur Natur!«, riefen viele im Gefolge von Rousseau. »Zurück zu den Kindern!«, riefen ebenso viele und überlegten, wie eine Rückkehr in die goldene Kinderzeit denn für erwachsene Menschen zu erreichen sei. Das war die Zeit, in der die so genannten Volks-Märchen entstanden (die Fiktion einer Weisheit aus einer kindlichen Entwicklungsstufe der Gesellschaft). Das war auch die Zeit, in der merkwürdig rettende Kindergestalten die Literatur bevölkerten, etwa bei Johann Wolfgang Goethe, Ludwig Tieck, Josef Eichendorff, E.T.A. Hoffmann, Novalis oder Hölderlin. Und es war auch die Zeit, in der das erste Mal eine Vielzahl moderner Autobiografien entstanden, die den Keim für das spätere Leben schon in der Kindheit angelegt zu beschreiben suchten oder sich gar nur auf Kindheitserinnerungen beschränkten.

Kinderbuchträume

Das alles kommt uns natürlich topaktuell vor. Denn dieser Grundgedanke ist in unsere Moderne verwoben. Das Heil kommt von den Kindern! Kinder können manches besser! Wenn wir doch noch so wären wie die Kinder! Mit diesem Programm sind auch unzählige Kindergestalten in der modernen Kinderliteratur angetreten, in der Literatur also, die uns und unseren Kindern schon sehr früh sagt, wie das Leben so ist und was die Menschen so sind. Drei besonders berühmte heilbringende Kinder aus dem 20. Jahrhundert sind Peter Pan, Pippi Langstrumpf und Harry Potter. Peter Pan, zu Anfang des 20. Jahrhunderts von James M. Barrie erfunden, ist das »ewige« Kind, einer der nicht alt wird, sondern die Kinder ins »Nimmerland« entführt, ein Land voller spielerischer Abenteuer, das leider, sobald man sich daran erinnern kann, wie es gewesen ist, »nimmer« ist. Pippi Langstrumpf, Mitte des 20. Jahrhunderts von Astrid Lindgren erdacht, ist dagegen das »starke« Kind, ein Kind, das alles besser kann als die Erwachsenen, dass die Erwachsenen überhaupt nicht braucht. Sie stellt die Welt auf den Kopf und zeigt damit den Erwachsenen, dass beileibe nicht alles so sein muss, wie sie es sich ausgedacht haben. Und Harry Potter, Ende des 20. Jahrhunderts von Joanne K. Rowling als Fortsetzungsfigur entwickelt, ist das »rettende Kind«, das Kind, das seit seiner Geburt den Bösen besiegt hat und immer wieder besiegen muss. Man denke nicht, dass das »nur« Kinderbücher seien, die keinerlei Spuren im eigenen Leben hinterließen!

Alles das zusammengenommen lässt sich also, wenn man nicht ganz so bösartig wie manche Soziologen sein will, kein Kinderfimmel feststellen, aber doch eine eigentümliche Bewunderung alles Kindlichen in der Moderne. Immer wieder und vielerorts betonen wir bewusst und unbewusst: Kinder sind anders. Kinder sind irgendwie besser. Und wenn nicht die Kinder selbst, so ist doch die Kindheit eine bessere Zeit im Leben als alles das, was danach kommt. Es ist, als sei die Kindheit selbst eine Art Lebensform für sich geworden. Eine andere Art zu leben. Ein Leben in naiver, ursprünglicher, unentfremdeter Kraft. Sodass die Aufgabe des erwachsenen Menschseins nun lautet: Wie komme ich zurück zu einem kindlichen Lebensgefühl, zu einer »zweiten Naivität«? Allerdings ohne dabei mein Erwachsensein aufzugeben, denn sonst wäre eine kindische Gesellschaft die Folge (und hier haken natürlich die Kritiker ein). Kindlich sein, nicht kindisch sein, das ist die Aufgabe. Wenn ihr nicht werdet wie die Kinder ...

An Weihnachten wird das möglich. Weihnachten mit Kindern zu feiern ist am schönsten. Weil ihre Augen mit nie gesehener Kraft strahlen, wenn sie vor der verzauberten Welt stehen. Weil sie uns vormachen, wie Religion funktioniert. Es ist dabei keineswegs so, dass der »Kinderglaube« einfach strukturiert sei. Es ist ja auch nicht so, dass Kinder nicht wüssten, dass das, was sie von Gott wissen und erzählen, dass sie die Bilder vom alten Mann auf der Wolke eins zu eins ernst nehmen. Auch sie wissen sehr genau, dass es sich bei ihren eigenen Bildern um Symbole handelt. Denn wer Kinder befragt, wie Gott ist, wird als herausragende Eigenschaft immer die Antwort bekommen: Das Wesentliche ist unsichtbar.

Pendeln zwischen den Welten

Werden wie die Kinder: Für uns Erwachsene in der modernen Welt heißt das: pendeln zwischen den Welten. Wir machen das im Alltag ganz automatisch und mittlerweile recht gekonnt. Wir pendeln zwischen dem Weltbild, das uns die Naturwissenschaft vor Augen malt und dem Weltbild der Lebensbedeutsamkeiten. Wir wissen, die Erde dreht sich um die Sonne, doch kein Mensch wird daran zweifeln, dass er sie untergehen sieht und dass das manchmal recht schön aussieht. Wir wissen, die Vögel singen nicht für uns, sondern verteidigen ihr Revier, doch sind sie uns oft genug Anlass für Lebensfreude. Wir lassen uns die Liebe als hormonell bedingtes Phänomen erklären und halten trotzdem hartnäckig daran fest, dass ein Kuss mehr ist als Schleimaustausch. Wir pendeln zwischen dem Erklären und Verstehen, zwischen dem Weltbild, das uns die – wie wir mittlerweile auch wissen – in die Krise gekommenen Naturwissenschaften vor Augen führen, und dem Weltbild, das das symbolische genannt werden kann. Der Weltsicht, die uns etwas bedeutet. Die uns leben lässt. In der die Welt zur Begegnung wird. Man kann es den religiösen Kinderblick nennen. In der Weihnachtszeit zelebrieren wir ihn alle. Wir trainieren ihn sozusagen ein, damit wir das Jahr über davon zehren können. Damit wir das Jahr über romantische Stunden voller Liebe genießen können. Damit die Welt im Urlaub zur Begegnung wird und nicht zur naturwissenschaftlichen Exkursion zwischen Molekülen und Temperaturen.

Werden wie die Kinder

Auch in der »offiziellen« Theologie haben die Kinder an Beliebtheit gewonnen. Die Brücke ist die Rede von der »Gotteskindschaft«. Jesus war das Kind Gottes schlechthin. Und wir, wenn wir in seiner Nachfolge stehen, sind es auch. Wir sind alle Gotteskinder. Unser Leben ist so, wie Jesus es uns urbildlich vorgelebt hat. Es beginnt mit der Geburt, es führt zur Gotteskindschaft und durch den Tod hindurch. Im Laufe des 19. Jahrhunderts ist ein bedeutsamer Wechsel in der Christologie zu beobachten gewesen. Hieß es früher »an Jesus glauben«, so heißt es nun »wie Jesus glauben«, und dieser christologische Grundgedanke ist uns ja mittlerweile ganz und gar vertraut. Was aber hat Jesus vor allem geglaubt? Die Antwort der Exegeten: Er hat Gott als Vater angesprochen, mehr noch, als »Papa«, hebräisch »Abba«. Er war mit Gott so vertraut wie Vater und Kind. Er hat die Menschen so beten gelehrt, dass sich alle als Kinder Gottes verstehen dürfen, die zu Gott »Vater unser« sagen. Er hat die Kinder zum Symbol für die Glaubenden gemacht, indem er sie in die Mitte stellte und sagte:

»Lasst die Kinder zu mir kommen und wehret ihnen nicht; denn solchen gehört das Reich Gottes. Wahrlich, ich sage euch: Wer das Reich Gottes nicht empfängt wie ein Kind, der wird nicht hineinkommen. Und er herzte sie und legt die Hände auf sie und segnete sie.«

(Markus 10,13–16)

Werden wie die Kinder: Paulus führt dieses Bild weiter. Er stellt sich die Geschichte Gottes mit den Menschen so vor: Es gab eine Zeit, in der die Menschen unmündig waren. Sie waren dem Gesetz des Vaters unterworfen, sie waren also nicht mehr als Knechte Gottes. Sie haben seinen Willen blind befolgen müssen. Mit Jesus aber ist etwas Neues in die Welt gekommen, die mündige Gotteskindschaft. So wie Jesus Gottes Sohn war, so sind wir alle zur Gotteskindschaft berufen. Kinder aber sind Erben, nicht Knechte. Wir sind die Erben des Gottesreiches. Wir sind mündig geworden. Bei Paulus hört sich das so an:

»Als wir unmündig waren, waren wir in der Knechtschaft der Mächte der Welt. Als aber die Zeit erfüllt war, sandte Gott seinen Sohn, geboren von einer Frau und unter das Gesetz getan, damit er die, die unter dem Gesetz waren, erlöste, damit wir die Kindschaft empfingen. Weil ihr nun Kinder seid, hat Gott den Geist seines Sohnes gesandt in unsre Herzen, der da ruft: Abba, lieber Vater! So bist du nun nicht mehr Knecht, sondern Kind; wenn aber Kind, dann auch Erbe durch Gott.«

(Galater 4,3–7)

Wir sind alle Kinder Gottes und müssen es noch werden. Wir sind schon und müssen erst werden! Diese Grundfigur des Schon und Noch-Nicht ist ein weiterer Ur-Baustein christlichen Denkens. Wir sind Kinder Gottes – und müssen es immer noch werden. Mit Christus ist alles schon neu geworden – und muss es doch noch werden. Das Reich Gottes ist da – und doch erst nahe herbeigekommen. Es gab mit dem Christusereignis eine neue Schöpfung – aber nur in messianischer Perspektive.

8. Kapitel

Die heilige Familie: Liebe über alles!

Familie – die große Sehnsucht

Wer Weihnachten und Familie hört, der denkt natürlich zuerst an die vielen Schreckensbilder, die halbwitzig-halbernst in den Medien zur Weihnachtszeit auf und ab gefeiert werden. An Ehepartner, die an Weihnachten das erste Mal seit langem wieder reden – und sich natürlich von Grund auf zerstreiten. An Kinder, die an den gemeinsamen Familientisch gezwungen werden – und schon planen, die ach so schönen Geschenke wieder umzutauschen. Alle Jahre wieder Familienzwang, alle Jahre wieder vordergründige Familienharmonie, und das war's. Könnte man doch auch weglassen, ohne dass es auffiele. Dann würden auch nicht so viele Menschen depressiv sein, die ebendiese Familienidylle nicht haben, sondern nur die Telefonseelsorge. Aber – halt. Wenn so viele Menschen traurig sind, weil sie an Weihnachten keine Familie haben, wenn Frischgeschiedene in Tränen ausbrechen, weil sie Weihnachten nur im Schichtwechsel mit ihrem Ex-Partner bei den Kindern verbringen können – dann? Dann könnte es doch sein, dass die

Sehnsucht nach Familie größer ist, als das traditionelle Jammern über die scheinbar aufgesetzte Familienidylle vermuten lässt? Dann wäre die heilige Familie und was dazugehört der nächste Symbolkreis moderner Religiosität, besser gesagt: die heilige Liebe.

Die Familie ist nicht kleinzukriegen, die Sehnsucht nach dauerhafter Beziehung ebenso wenig. Das haben zwar schon viele versucht, Generation für Generation. Doch trotz den bekannten Scheidungszahlen (ein Viertel aller Familien auf dem Land, die Hälfte aller Familien in der Stadt) und trotz den neu zusammengewürfelten Patchwork-Familien: die Familie lebt! Auch wenn die Rollenverteilung nicht mehr klassisch ausfallen muss, auch Väter wickeln und kochen und Mütter bringen Geld nach Hause. Auch wenn heute sehr viel freiere Kombinationsmöglichkeiten für eine Familie denkbar sind und auch schwule und lesbische Paare langsam aber sicher als Familie akzeptiert werden. Auch wenn die Erfahrung von Trennung und Scheidung für viele Kinder selbstverständlich geworden ist. Im Gegenteil, soziologische Langzeituntersuchungen mit Scheidungsfamilien attestieren den Scheidungskindern einen lebendigen und streitbaren Willen, es besser zu machen als ihre Eltern – als neue Familie.

Natürlich, Weihnachten mit seinen heutigen Bräuchen ist gemeinsam mit eben jener bürgerlichen Kleinfamilie entstanden und daher besonders auf die klassische gutbürgerliche Familie bedacht. Es stabilisiert sozusagen einmal im Jahr diese bürgerliche Lebensform, indem sie mit allerhand rituellen Handlungen bestätigt wird (gemeinsam Essen, gemeinsam die eigenen vier Wände schmücken, sich gegenseitig etwas Gutes tun wollen, gemeinsam scharf zwischen Familienmitgliedern und »nur« Freunden zu unterscheiden usw.). Und in dem Maße, in dem sich die bürgerliche Lebensform inklusive Familie weiterentwickelt, wirkt auch manches von den traditionellen Familienbräuchen altbacken, verstaubt, zwanghaft. Und jeder wird zustimmen können, dass Weihnachten und Familie nicht wirklich ein einfaches Thema ist. Dass lange Diskussionen darüber laufen, wie und wo und wie lange wir uns bei den Eltern aufhalten, mit den Großeltern speisen oder selbst allein mit unseren Kindern bleiben. Und je komplizierter die Familienstrukturen (z.B. bei Scheidungskindern, die mehrere Eltern und noch mehr Großeltern abfeiern müssen), umso dankbarer sind wir darüber, dass es mehrere Weihnachtsfeiertage gibt und man auf diese Weise relativ gelassen von Ort zu Ort reisen und auf Familie machen kann. »Auf Familie machen« – dass das aber nicht alles ist, weiß auch jeder. Dass dahinter noch etwas anderes gesucht wird, ist auch klar. Und es wird auch gefunden! So einfach ist die Familie eben nicht kleinzukriegen. Wir machen nicht nur auf Familie. Wir leben von ihr. Wir wollen sie. Wir brauchen sie. Und wenn wir eigenen Nachwuchs haben, sitzen wir genauso wie früher mit ihm unter dem Weihnachtsbaum.

Die Liebesreligion

Nennen wir dieses Phänomen statt »heilige Familie« die »heilige Liebe«, die Liebesreligion. Dann wird jeder sofort zustimmen können und sagen, natürlich, die Liebe ist das Wichtigste. Und Weihnachten ist eben auch das Fest der Liebe. Wir feiern die Liebe natürlich auch in den kleinen und großen Auszeiten das ganze Jahr über. In Film und Fernsehen, in Rock und Pop. Immer geht es um die Liebe. Um ein Leben in Liebe. Die Liebe hat in den letzten Jahrhunderten eine spezifisch moderne religiöse Komponente gewonnen. Manche sagen, sie ist zur Ersatzreligion geworden, weil sie den Himmel auf Erden verspricht. Weil sie sich zu viel zumutet. Weil sie damit natürlich scheitern muss, denn niemand kann in der Liebe wirklich Erlösung und Heil für immer finden. Doch so einfach ist das nicht zu sagen.

Dass Liebe, Familie und Religion in dieser Weise zusammengemixt werden, das ist typisch modern. Natürlich haben sich die Leute schon immer verliebt und müssen das wohl auch immer schon recht angenehm gefunden haben. Doch Liebe und Familie gingen in Antike und Mittelalter schwerlich zusammen; die Liebe war eher so etwas wie eine unbezähmbare Krankheit, sie war vielleicht etwas für den Seitensprung, aber nicht etwas, worauf die Menschen ihre gesellschaftliche Existenz gebaut hätten. Liebe und Familie, das passte nach Meinung vieler namhafter Experten nicht. Und Ehe und Religion gingen sowieso nicht zusammen – schließlich war die Ehe, ob aus Liebe oder Vernunft, immer nur die zweitbeste Option für einen anständigen Christenmenschen. Wer es wirklich ernst meinte mit der Religion, ging in ein Kloster. Blieb ledig, verbannte zumindest die körperliche Liebe aus seinem Leben und dachte fortan schlecht von dem liebevollen Miteinander zweier Menschen.

Liebe, Familie, Religion, diese drei Dinge verbanden erst die Frühromantiker miteinander. Und noch heute nennen wir die Liebe eine romantische Angelegenheit. Die Romantiker waren dabei keine weltfremden Menschen; sie waren Dichterphilosophen, Religionspoeten mit revolutionärem Geist. Sie waren geprägt von der Französischen Revolution. Man könnte sie die Neunundachtziger des 18. Jahrhunderts nennen, entsprechend den Achtundsechzigern des 20. Jahrhunderts. Sie wollten die Welt retten. Aber es sollte dabei nicht so zugehen wie im Nachbarland Frankreich, wo die Revolution in Anarchie, Tod und Chaos führte. Die romantische Revolution diesseits des Rheins sollte eine innere Erneuerung des ganzen Menschen mit sich bringen. Sie sollte eine Revolution des Geistes sein. Eine heilige Revolution, weil sie Poesie, Religion und Leben neu durchdachte. Gemeint sind Dichter und Denker wie Novalis, August Wilhelm und Friedrich Schlegel, Friedrich Schleiermacher, Ludwig Tieck, Wilhelm Heinrich Wackenroder, Dorothea Veit, Caroline Schlegel, Bernhardi und auch Friedrich Hölderlin, darüber hinaus auch Kleist, Schiller und Goethe. Sie sind uns vor allem als Poeten ein Begriff geblieben, doch hinter ihrer Dichtung steht viel mehr. Hinter ihr steht eine neue Geisteswelt, ein neues Welt- und Menschenbild, ein neues Religionsverständnis, das uns bis heute prägt.

Zunächst einmal entdeckten diese Dichter die Familie als Ort der Menschwerdung. Sie erfanden Figuren, die als Mann und Frau mit ihren jeweiligen Fähigkeiten aneinander wachsen, zueinander finden und erst miteinander zum wirklichen Menschsein kommen (man lese etwa Schillers »Ästhetische Briefe«, Hölderlins »Hyperion«, Goethes »Wilhelm Meisters Lehrjahre«, Schlegels »Lucinde«, Schleiermachers »Vertraute Briefe«, Novalis' gesamtes Werk oder Kleists Novellen). Gleichzeitig entdeckten sie, dass Religion nicht das ist, was bisher dafür gehalten wurde. Sie ist nicht ein überweltlicher Wunderglaube, der von der Aufklärung längst überwunden ist. Sie ist nicht Dogmenwissen, das uns aus alten Zeiten zum Nachbeten überliefert ist. Sie ist nicht eine überaus weltliche Kirchenherrschaft, die nun langsam aber sicher entlarvt und mit der Säkularisation zu einem Ende gebracht wird. Sie ist nicht Moral, die oft genug zur Doppelmoral gerinnt. Sondern sie ist ein Lebensgefühl. Sie ist zuallererst etwas Erfahrbares, das erst im Nachhinein zu Dogmen, Kirchen, Religionsgemeinschaften gerinnt. Ein neuer Begriff der Religion war geboren, der uns heute selbstverständlich erscheint. Und die

Frühromantiker traten an, aus diesem Lebensgefühl heraus neue, moderne religiöse Bilder zu schaffen und eine neue Kirche außerhalb der Kirche zu bauen. Natürlich mit dem Mittel der Poesie. Es war die Gretchenfrage: Wie hältst du's mit der Religion? Antwort: »Nenn's Glück! Herz! Liebe! Gott! / Ich habe keinen Namen / dafür! Gefühl ist alles; / Name ist Schall und Rauch, / Umnebelnd Himmelsglut.«

Die Spur der Dichter und Philosophen

Wenn aber Religion erfahrbar ist, wenn sie zum Menschsein dazugehört als eine Art Erfahrungsphänomen, dann muss dieses Religionsgefühl ja irgendwo mitten im Leben zu finden sein. Wo vor allem?, fragten die Philosophen und Dichter der romantischen Zeit. Alles kann zum Erlebnis von religiöser Ergriffenheit führen, ja schon. Doch die Liebe ist ihnen ein besonders gutes Beispiel dafür geworden. Im Originalton:

»Der Gott muss in den Liebenden sein, ihre Umarmung ist eigentlich seine Umschließung, die sie in demselben Augenblicke gemeinschaftlich fühlen, und hernach auch wollen. Ich nehme in der Liebe keine Wollust an ohne diese Begeisterung und ohne das mystische, welches hieraus entsteht.«

(Friedrich Schleiermacher, Vertraute Briefe)

»Jener erste geheimnissvolle Augenblik, der bei jeder sinnlichen Wahrnehmung vorkommt, ehe noch Anschauung und Gefühl sich trennen, wo der Sinn und sein Gegenstand gleichsam in einander gefloßen und Eins geworden sind, ehe noch beide an ihren ursprünglichen Plaz zurükkehren – ich weiß wie unbeschreiblich er

ist, und wie schnell er vorüber geht, ich wollte aber Ihr könntet ihn festhalten und auch in der höheren und göttlichen religiösen Thätigkeit des Gemüths ihn wieder erkennen. Könnte und dürfte ich ihn doch aussprechen, andeuten wenigstens, ohne ihn zu entheiligen! Flüchtig ist er und durchsichtig wie der erste Duft womit der Thau die erwachten Blumen anhaucht, schamhaft und zart wie ein jungfräulicher Kuss, heilig und fruchtbar wie eine bräutliche Umarmung; ja nicht wie dies, sondern er ist alles dieses selbst. Schnell und zauberisch entwikelt sich eine Erscheinung eine Begebenheit zu einem Bilde des Universums. ... Ich liege am Busen der unendlichen Welt: ich bin in diesem Augenblik ihre Seele, denn ich fühle alle ihre Kräfte und ihr unendliches Leben, wie mein eigenes, sie ist in diesem Augenblike mein Leib ... Dieser Moment ist die höchste Blüthe der Religion.«

(Friedrich Schleiermacher, Reden über die Religion)

»Der Sinn für die Welt ist uns erst recht aufgegangen. Du hast durch mich die Unendlichkeit des menschlichen Geistes kennen gelernt, und ich habe durch dich die Ehe und das Leben begriffen, und die Herrlichkeit aller Dinge. Alles ist beseelt für mich und spricht zu mir und alles ist heilig. Wenn man sich so liebt wie wir, kehrt auch die Natur im Menschen zu ihrer ursprünglichen Göttlichkeit zurück. Die Wollust wird in der einsamen Umarmung der Liebenden wieder, was sie im großen Ganzen ist – das heiligste Wunder der Natur; und was für andre nur etwas ist, dessen sie sich mit Recht schämen müssen, wird für uns wieder, was es an und für sich ist, das reine Feuer der edelsten Lebenskraft.«

(Friedrich Schlegel, Lucinde)

»Wenige wissen / Das Geheimniss der Liebe, / Fühlen Unersättlichkeit / Und ewigen Durst. / Des Abendmahls / Göttliche Bedeutung / Ist den irdischen Sinnen Räthsel; / Aber wer jemals / Von heißen, geliebten Lippen / Athem des Lebens sog, / Wem heilige

Gluth / In zitternde Wellen das Herz schmolz, / Wem das Auge aufging, / Dass er des Himmels / Unergründliche Tiefe maß, / Wird essen von seinem Leibe / Und trinken von seinem Blute / Ewiglich. // Wer hat des irdischen Leibes / Hohen Sinn errathen? / Wer kann sagen, / Dass er das Blut versteht? / Einst ist alles Leib, / Ein Leib, / In himmlischem Blute / Schwimmt das selige Paar. – / O! dass das Weltmeer / Schon erröthete, / Und in duftiges Fleisch / Aufquölle der Fels! / Nie endet das süße Mahl, / Nie sättigt die Liebe sich. / Nicht innig, nicht eigen genug / Kann sie haben den Geliebten. / Von immer zärteren Lippen / Verwandt wird das Genossene / Inniglicher und näher. / Heißere Wollust / Durchbebt die Seele, / Durstiger und hungriger / Wird das Herz: / Und so währet der Liebe Genuss / Von Ewigkeit zu Ewigkeit. / Hätten die Nüchternen / Einmal gekostet, / Alles verließen sie, / Und setzten sich zu uns / An den Tisch der Sehnsucht, / Der nie leer wird. / Sie erkennten der Liebe / Unendliche Fülle, / Und priesen die Nahrung / Von Leib und Blut.«

(Novalis, Hymne)

Ein Jahrhundert später sind diejenigen Philosophen dieser Spur gefolgt, die das »dialogische Denken« vorangetrieben haben, Franz Rosenzweig, Ferdinand Ebner und Martin Buber (gegen Ende des 20. Jahrhunderts folgte dann noch einmal Emmanuel Levinas). Für sie blickte durch die zwischenmenschliche Begegnung das Göttliche, das Heilige hindurch. Wir sind uns selbst gegenseitig Spuren des Heiligen in der Welt. Ich und du. Auch wenn Gott selbst dahinter immer schon verschwindet. Am berühmtesten ist natürlich Martin Buber und seine Ich-Du-Philosophie geworden. Bei ihm hört sich das Reden von der heiligen Liebe so an:

»Das Du begegnet mir von Gnaden – durch Suchen wird es nicht gefunden ... Das Du begegnet mir. Aber ich trete in die unmittel-

bare Beziehung zu ihm. So ist die Beziehung Erwähltwerden und Erwählen, Passion und Aktion in einem ... das Grundwort Ich-Du kann nur mit dem ganzen Wesen gesprochen werden.« – »Jedes geeinzelte du ist ein Durchblick zu ihm. Durch jedes geeinzelte du spricht das Grundwort das ewige an. Aus diesem Mittlertum des du aller Wesen kommt die Erfülltheit der Beziehungen zu ihnen, und die Unerfülltheit. Das eingeborene du verwirklicht sich an jeder und vollendet sich an keiner. Es vollendet sich einzig in der unmittelbaren Beziehung zu dem du, das seinem Wesen nach nicht Es werden kann.«

(Martin Buber, Ich und du)

Und heute

Wenn wir jetzt von Liebe sprechen, der heiligen Liebe und der heiligen Familie, dann sind unsere Worte dafür natürlich andere. Sie sind nicht so gespreizt, nicht so außerordentlich. Das hat den großen Vorteil, dass der Weg der Liebe als ein gangbarer Weg erscheint (aber trotzdem als einer, der die Tränen kommen lässt, der uns im Innersten anrührt, der uns die Welt zusammenhält). Im Kino wird diese heilige Liebe allerorts szenisch zelebriert, man denke an »Lola rennt«, »Titanic« oder »Das Leben ist schön« und noch ungezählte andere Filme. In unseren Liedern, den modernen Gedichten, hört diese Liebesreligion sich ganz ähnlich an, nur wird sie meist auf Englisch besungen:

»And love is not the easy thing / the only baggage you can bring / And love is not the easy thing / The only baggage you can bring / Is all that you can't leave behind ... You're packing a suitcase for a

place none of us has been / A place that has to be believed to be seen ... Walk on, walk on / Leave it behind / You've got to leave it behind / All that you fashion /All that you make / All that you build / All that you break / All that you measure / All that you steal/ All this you can leave behind ...«

(U2, Walk on)

»I don't believe in an interventionist God / But I know, darling, that you do / But if I did I would kneel down and ask Him / Not to intervene when it came to you / Not to touch a hair on your head / To leave you as you are / and if He felt He had to direct you / Then direct you into my arms / Into my arms, O Lord / Into my arms, O Lord

And I don't believe in the existance of angels / But looking at you I wonder if that's true / But if I did I would summon them together / And ask them to watch over you / To make bright and clear your path / And to walk, like Christ, in grace and love / And guide you into my arms, O Lord / Into my arms, O Lord

But I believe in Love / And I know that you do too / And I believe in some kind of path / that we can walk down, me and you / So keep your candle burning / And make her journey bright and pure / That she will keep returning / Always and evermore / Into my arms, O Lord / Into my arms, O Lord / Into my arms, O Lord / Into my arms.«

(Nick Cave, Into my arms)

Aus der Liebe leben

Also, noch einmal: Weihnachten ist überall. Was wir uns einmal jährlich alle zur Weihnachtszeit bewusst machen, wird immer wieder im Großen und im Kleinen, in Poesie, Film und Liedern wiederholt. Und natürlich wird es im eigenen Leben gefunden. Denn wir Modernen bauen unser Lebensglück ganz besonders auf die partnerschaftliche Liebe. In der Zweisamkeit. In der Familie. Die Hochzeit soll immer noch der schönste Tag im Leben sein, und auch hier gibt es keinen Grund, den Wunsch nach einer Traumhochzeit zu belächeln. Denn wer die gemeinsame Liebe nicht nur im Alltag erleben, sondern auch einmal ganz gezielt in den Mittelpunkt rücken will, der sagt: Ich lebe aus der Liebe. Ich erfahre die Liebe aber zugleich als etwas, das ich nicht in der Hand habe. Das ich geschenkt bekomme. Nicht nur von meinem Partner. Sondern irgendwie auch von Gott.

Was an Weihnachten gefeiert wird, was in Literatur, Musik und Film aufgesogen wird, was schließlich in dem Wunsch nach einer Traumhochzeit sich widerspiegelt – das ist auch für viele ein Herzstück des christlichen Glaubens geworden. Gott ist die Liebe. Das heißt, durch unsere Liebe spüren wir Gott hindurch, lassen wir uns von ihm ergreifen. Und dieser Jesus von Nazareth, der Gott-Mensch, ist so etwas wie die leibhaftig gewordene Liebe. In ihm hat sich die Liebe inkarniert. Und wenn wir ihm auf die Spur kommen wollen, wenn wir in seiner Nachfolge stehen, dann am besten durch die Gesten der Liebe, die er in seinem Leben vorgelebt hat und in seinen Gleichnissen vom Gottesreich erzählt. Und zu den Standardtexten des modernen Kirchenlebens, zum Beispiel Trauungen, gehören das Gleichnis Jesu vom barmherzigen Samariter genauso wie das Hohelied der Liebe des Paulus und das theologische Fazit der johanneischen Schule:

»Wer ist denn mein Nächster? Da antwortete Jesus und sprach: Es war ein Mensch, der ging von Jerusalem hinab nach Jericho und fiel unter die Räuber; die zogen ihn aus und schlugen ihn und machten sich davon und ließen ihn halb tot liegen. Es traf sich aber, dass ein Priester dieselbe Straße hinabzog; und als er ihn sah, ging er vorüber. Desgleichen auch ein Levit: als er zu der Stelle kam und ihn sah, ging er vorüber. Ein Samariter aber, der auf der Reise war, kam dahin; und als er ihn sah, jammerte er ihn. Und er ging zu ihm, goss Öl und Wein auf seine Wunden und verband sie ihm, hob ihn auf sein Tier und brachte ihn in eine Herberge und pflegte ihn. Am nächsten Tag zog er zwei Silbergroschen heraus, gab sie dem Wirt und sprach: Pflege ihn; und wenn du mehr ausgibst, will ich dir's bezahlen, wenn ich wiederkomme. Wer von diesen dreien, meinst du, ist der Nächste gewesen dem, der unter die Räuber gefallen war? Er sprach: Der Barmherzigkeit an ihm tat. Da sprach Jesus zu ihm: So geh hin und tu desgleichen.«

(Lukas 10,29–37)

»Wenn ich mit Menschen- und mit Engelszungen redete und hätte die Liebe nicht, so wäre ich ein tönendes Erz oder eine klingende Schelle. Und wenn ich prophetisch reden könnte und wüsste alle Geheimnisse und alle Erkenntnis und hätte allen Glauben, sodass ich Berge versetzen könnte, und hätte die Liebe nicht, so wäre ich nichts. Und wenn ich alle meine Habe den Armen gäbe und ließe meinen Leib verbrennen, und hätte die Liebe nicht, so wäre mir's nichts nütze. Die Liebe ist langmütig und freundlich, die Liebe eifert nicht, die Liebe treibt nicht Mutwillen, sie bläht sich nicht auf, sie verhält sich nicht ungehörig, sie sucht nicht das Ihre, sie lässt sich nicht erbittern, sie rechnet das Böse nicht zu, sie freut sich nicht über die Ungerechtigkeit, sie freut sich aber an der Wahrheit, sie erträgt alles, sie glaubt alles, sie hofft alles, sie duldet alles. ... Nun aber bleiben, Glaube, Hoffnung, Liebe, diese drei; aber die Liebe ist die größte unter ihnen.«

(1. Korinther 13)

»Niemand hat Gott jemals gesehen. Wenn wir uns untereinander lieben, so bleibt Gott in uns, und seine Liebe ist in uns vollkommen. Daran erkennen wir, dass wir in ihm bleiben und er in uns, dass er uns von seinem Geist gegeben hat. Und wir haben gesehen und bezeugen, dass der Vater den Sohn gesandt hat als Heiland der Welt. Wer nun bekennt, dass Jesus Gottes Sohn ist, in dem bleibt Gott und er in Gott. Und wir haben erkannt und geglaubt die Liebe, die Gott zu uns hat. Gott ist die Liebe; und wer in der Liebe bleibt, der bleibt in Gott und Gott in ihm. Darin ist die Liebe bei uns vollkommen, dass wir Zuversicht haben am Tag des Gerichts; denn wie er ist, so sind auch wir in dieser Welt. Furcht ist nicht in der Liebe, sondern die vollkommene Liebe treibt die Furcht aus; denn die Furcht rechnet mit Strafe. Wer sich aber fürchtet, der ist nicht vollkommen in der Liebe. Lasst uns lieben, denn er hat uns zuerst geliebt.«

(1 Johannes 4,9–19)

9. Kapitel

Die Botschafter: himmelwärts schauen

Und dann gibt es noch diese merkwürdigen himmlischen Grenzgänger, die uns während der rund vier Wochen Weihnachtszeit immer wieder über den Weg laufen. Ich meine Figuren wie den Nikolaus, Knecht Rupprecht, Hans Muff, Hans Trapp, die Perchten, das Christkindl, den Weihnachtsmann und dann noch eine ganze Reihe davon deutlich zu unterscheidenden Engelwesen, Putten, Verkündiger und allgemeine himmlische Heerscharen. Es gibt gar keinen richtigen Überbegriff für sie. Sie sind im Grunde Individualisten. Und doch haben sie Gemeinsamkeiten, die unter dem Begriff Grenzgänger zwischen Himmel und Erde ganz gut unterzubringen sind.

Nikolaus

Ein kurzer historischer Überblick: Der Bekannteste unter ihnen ist der Nikolaus. Seine bärtige Gestalt lässt sich zurückführen auf den Bischof Nikolaus, der im vierten Jahrhundert in Myra lebte (damals eine Metropole Kleinasiens). Und hiermit endet schon beinah das historisch Gesicherte über ihn. Man kann davon ausgehen, dass der Bischof Nikolaus ein Mann großer Ausstrahlung gewesen sein muss, denn schon bald nach seinem Tod pilgerten viele an sein Grab und wurden dort auch geheilt, weswegen sein Ruhm und seine Beliebtheit schnell wuchs. Als die Türken das byzantinische Reich einnahmen, ergriffen italienische Kaufleute die Gelegenheit beim Schopf und überführten (vorsorglich) gewaltsam die heiligen Nikolausgebeine im Jahr 1087 nach Bari in Süditalien (und brachten sie damit aus dem Gebiet der Orthodoxie ins Herrschaftsgebiet der römisch-katholischen Kirche). Bald begann daher auch die Verehrung im Westen, und der Nikolaus ist daher so etwas wie der ökumenische Heilige schlechthin, er ist bei den orthodoxen Kirchen, der römisch-katholischen Kirche und sogar den protestantischen Kirchen gleichermaßen beliebt. Wegen dieser enormen Beliebtheit musste er auch eine ganze Reihe von Patronaten auf sich nehmen. Der Nikolaus ist (in alphabetischer Reihenfolge und ohne Anspruch auf Vollständigkeit) der Schutzheilige der Advokaten, Chorknaben, Eicher, Flößer, Floßschiffer, Frachtschiffer, der heiratsfähigen Mädchen, der Justizbeamten, Kornauslader, Kornhändler, Küfer, Lebensmittelhändler, Leinenweber, Metzger, Parfümeure, Pfandleiher, Sachverwalter, Schiffbauer, Schüler, Seefahrer, Weinhändler, Weinentlader, außerdem der Beschützer gegen Diebe, der Patron der Gefangenen und Justizopfer, daneben auch der Schutzpatron vieler Städte, wie zum Beispiel von Amsterdam und daher auch von New York. Am bedeutsamsten ist natürlich, dass der Bischof Nikolaus der Schutzherr der Kinder und Schüler ist. Im Mittelalter bildete sich daher in den mitteleuropäischen Klosterschulen der Brauch heraus, am Nikolaustag einen Kinderabt zu wählen, der einen Tag lang die Schule regieren durfte (was wegen chaotischer

Ausschreitungen bald wieder verboten wurde). Außerdem, und das kommt auch uns heutigen noch bekannt vor, bekamen im Mittelalter am Nikolaustag die Kinder Kleinigkeiten geschenkt, zwar noch keine Orangen und Schokoladenabbilder des Bischofs, aber immerhin Äpfel und Nüsse. An Weihnachten gab es damals nichts, und erst Martin Luther ist es, wie schon gesagt, zu verdanken, dass der Weihnachtstag mit Geschenken verbunden wurde. Der Reformator wollte den Einfluss der Heiligenverehrung eindämmen und die Frömmigkeit wieder auf Christus hin zentrieren. Daher schlug er vor, doch nicht am Nikolaustag, sondern am Christtag den Kindern ihre Geschenke zu bereiten. Und so setzte es sich fortan durch.

Christkind

Gleichzeitig damit entstand die Gestalt des Christkinds. Es handelt sich ja hierbei keinesfalls um das Jesuskind in der Krippe. Das Christkind ist vielmehr eine eigenständige Persönlichkeit, möglicherweise sogar weiblich, während der kleine Jesus in der Krippe ja sicher männlichen Geschlechts ist. Wie das Christkind entstanden ist, ist schwer zu sagen. Man geht davon aus, dass es in den weihnachtlichen Prozessionszügen, wie sie im sächsisch-thüringischen Raum üblich waren, mitgegangen ist, als Anführer(in) der Engel. Und weil die protestantische Frömmigkeit – trotz der Bemühungen, die Religion aufs Wort zu konzentrieren – nicht ganz ohne Bilder und Figuren auskommen wollte, wurde diese Christkindgestalt (zunächst war sie wohl erwachsen und hieß der »Heilige Christ«) in protestantischen Gegenden schnell beliebt und taucht dort immer wieder auf, mal geflügelt, als Kleinkind oder Mädchen.

Weihnachtsmann

In die katholischen Regionen Deutschlands, in denen es heute verbreitet ist, scheint das Christkind erst eingewandert zu sein, als ihm die Protestanten mit dem Weihnachtsmann Konkurrenz machten. Auch von dessen Herkunft weiß man wenig. Das Grimm'sche Wörterbuch notiert 1820, der Weihnachtsmann sei ein merkwürdig geschichtsloses Wort. Vielleicht handelte es sich zu dieser Zeit auch noch gar nicht um eine konkrete Gestalt, sondern mehr um eine Ahnung. Fest steht, er ist im Zusammenhang mit der Reformpädagogik zu Beginn des 19. Jahrhunderts aufgetaucht und hat seither Karriere gemacht. Die Pädagogen kamen damals zu dem Schluss, der Nikolaus und vor allem seine Schreck-Begleiter, die Rupprechte und Hans Muffs, entsprächen nicht einer modernen Erziehung. Die Schreckgestalten der Weihnachtszeit sollten durch freundlichere Wesen ersetzt werden. Und hier trat der Weihnachtsmann auf den Plan, ein großväterlicher, freundlicher, tollpatschiger, pausbackiger Typ, ein Säkularisat der Nikolausfigur. Sein heutiges Aussehen bekam er vor allem durch die Zeichnungen von Moritz von Schwindt und August Kreling (sie malten zwar den Herrn Winter, aber man nahm das nicht so genau), ferner durch die Zeichnungen vom Pelzmärtel von Carl August Reinhardt. Und so wurde, kurz gesagt, aus dem Winter-Pelzmärtel-Nikolaus der Weihnachtsmann.

Natürlich verändert der Weihnachtsmann sich ständig weiter, und vor allem durch seine Ankunft in Amerika ist er noch einmal wichtelhafter geworden. Der amerikanische Santa Claus ist die Weiterentwicklung der Weihnachtsmannfigur durch europäische Einwanderer, namentlich durch das Gedicht von Clement Clark Moore und die Zeichnungen von Thomas Nast aus Landau in der Pfalz. Und richtig populär wird der Santa Claus durch die Coca-Cola-Werbung von Haddon Sundblom – und gleichzeitig ist er noch clownhafter und recht verfressen geworden.

Dieses ganze Weihnachtsvölkchen kommt natürlich vor allem zu den Kindern. Und auch wenn das Christkind und der Nikolaus längst entmythologisiert sind, auch wenn in Kindergärten die Kinder mit dem Nikolausbart spielen dürfen und jeder weiß, dass die Geschenke von Mama und Papa und doch nicht vom Himmel direkt kommen – diese Figuren sind nach wie vor lebendig. Wenn der Nikolaus vor eben jenen Kindergartenkindern mit dem zerspielten Bart erscheint, werden trotzdem alle ganz ehrfürchtig. Und die ganze Familie findet es schon schön, sich vorzustellen, die großen und kleinen Wünsche würden ans Christkind weitergeleitet. Und an dieser Stelle kann jeder, der mag, noch einmal das Kapitel über das Spielerische des Weihnachtschristentums aufschlagen.

Engel

Was für die Kinder die Nikoläuse, Weihnachtsmänner und Christkinder sind, sind für die Erwachsenen die Engel. Das klingt zu despektierlich, werden manche sagen, wo doch weder Weihnachtsmann noch Nikolaus in der Bibel vorkommen, die Engel dagegen an entscheidenden Stellen schon. Man darf aber nicht vergessen, dass sich die Aufgeklärten unter den Christen in den letzten Jahrhunderten ganz gerne von diesen merkwürdigen Engelgestalten in den biblischen Geschichten verabschiedet hätten. Logischerweise, denn Engel und Dämonen gehören einer Vorstellungswelt an, die von der aufgeklärten Moderne mit ihrem naturwissenschaftlichen Weltbild abgelöst wurde. Engel gehören zu einer dreistöckigen Welt, in der es oben den Himmel, in der Mitte die Erde und unten die Hölle gibt, und haben daher bei uns, die wir die Welt als Kugel in einem unendlichen Universum verstehen, eigentlich nichts mehr zu suchen.

Doch die Engel sind nicht verschwunden und verschwinden nicht. Im Gegenteil, im zwanzigsten Jahrhundert sind sie als Symbolgestalten besonders rührig geworden, in der Literatur, in der Malerei, in Konzerten, in den Geschichten, die wir uns gegenseitig aus unserem Leben erzählen. Nur in der Theologie werden sie tunlichst vermieden, um sich nicht dem Vorwurf aussetzen zu müssen, man befinde sich als gläubiger Mensch in einem naiven Stadium des Geistes. Zur Weihnachtszeit sieht man das lockerer, denn da ist ja die Kirche in guter Gesellschaft mit ihren Engeln. Schließlich schmückt jetzt jeder seine vier Wände mit den Flügelwesen, schließlich fliegen sie jetzt durch jedes Kaufhaus und winken von jedem Konzertplakat. Sie sind sozusagen das allgemein verständliche Signal, dass jetzt mehr im Spiel ist als Alltägliches. Dass es jetzt um Religiöses geht. Dass der Himmel offen ist. Sie heiligen auf diese Weise jeden Ort, den sie heimsuchen (natürlich auch die Warenhäuser).

Die Engel, die Botschafter, haben eine Bleibe in der Kunst gefunden, weil dort die Wahrheitsfrage nicht gestellt werden muss. Bei Paul Klee sind sie zu Hause, bei Marc Chagall, bei Walter Benjamin, bei Ilse Eichinger und Rainer Maria Rilke. Sie sind dabei allerdings keinesfalls nur süße Engelchen geworden, sondern ernst zu nehmende und erschreckende Spuren der Transzendenz, des Einbruchs des Heiligen in die Welt. Eine uralte und eine dagegen blutjunge Verdichtung einer solchen Engelserfahrung will ich hier gegenüberstellen (und wie immer es mit der realen Existenz von Engeln steht, an der

Erfahrungstiefe und Lebensnähe der beiden Geschichten wird nicht zu zweifeln sein):

»Er stand auf in der Nacht und nahm seine zwei Frauen und die zwei Mägde und seine elf Kinder und zog an die Furt des Jabbok, nahm sie und führte sie über das Wasser, dass hinüberkam, was er hatte, und blieb allein. Da rang einer mit ihm, bis die Morgenröte anbrach. Und da er sah, dass er ihn nicht übermochte, schlug er auf das Gelenk seiner Hüfte, und das Gelenk der Hüfte Jakobs wurde über dem Ringen mit ihm verrenkt. Und er sprach: Lass mich gehen, denn die Morgenröte bricht an. Aber Jakob antwortete: Ich lasse dich nicht, du segnest mich denn.«

(Genesis 32,23–27)

»Als ich aufsah von meinem leeren Blatt / stand der Engel im Zimmer. // Ein ganz gemeiner Engel, / vermutlich unterste Charge. // Sie können sich gar nicht vorstellen, / sagte er, wie entbehrlich Sie sind. // Eine einzige unter fünfzehntausend Schattierungen / der Farbe Blau, sagte er, // fällt mehr ins Gewicht der Welt / als alles, was Sie tun oder lassen, // gar nicht zu reden vom Feldspat / und von der Großen Magellanschen Wolke. // Sogar der gemeine Froschlöffel, unscheinbar wie er ist, / hinterließ eine Lücke, Sie nicht. // Ich sah es an seinen hellen Augen, er hoffte / auf Widerspruch, auf ein langes Ringen. // Ich rührte mich nicht. Ich wartete, / bis er verschwunden war, schweigend.«

(Hans Magnus Enzensberger, Die Visite)

So sind die Engel in unserem Denken ein wichtiges religiöses Symbol, nicht nur zur Weihnachtszeit. Ein Symbol dafür, dass das Sein, das Universum, das Heilige, das Ewige – oder wie immer man Gott politisch korrekt umschreiben will – trotz seiner unpersönlichen Übergröße ganz persönlich wird, ein Gesicht hat (vielleicht sogar viele), auf uns zukommt, uns überkommt, uns Botschafter sendet. Dass Gott ganz persönlich wird, dass er »mein Gott« wird. Denn was hilft es anzunehmen, es gäbe irgendwo einen Gott, wenn er nicht mein Gott ist. Einer, dem zuzutrauen ist, dass er mich heimsucht. Vielleicht durch geflügelte Boten. Vielleicht.

10. Kapitel

Die Heilige Nacht: Nachtschwärmer werden

Im Halbdunkel

Geburt, Kinder, Familie, Liebe, Nikoläuse und Engel der Weihnachtszeit treten alle im Schummerlicht in unsere Leben ein, im weihnachtlich-romantischen Kerzenschein. Zur Weihnachtszeit ist die Welt nur halbhell. Wer keine Zeit hat mitzufeiern und sich selbst im Zwielicht zu bewegen, sagt zu dem ganzen Kerzenscheinzauber abschätzig Kitsch. Wem es dagegen gelingt, am Abend über den Christkindlmarkt zu schlendern, abends daheim bei Duftkerzen und Bachmusik Adventstee zu trinken oder wehmütig in den tiefblauweißen Winterabend zu schauen, der sagt dazu »romantisch«. Die Weihnachtszeit hält in sich Momente bereit, die romantisch sind, so wie die rot-golden-blauen Sonnenuntergänge am Meer, die Liebesfilme und heimlichen Küsse. Weihnachten spielt um die blaue Stunde, kurz bevor alles Licht verfliegt. In den Abendstunden des Erzählens. In den Stunden der wehmütigen Erinnerung in der anbrechenden Nacht. Hier sind die Stichworte, auf die es mir ankommt: Abend und Nacht. Zu unserer modernen Weihnachtsreligion gehört selbstverständlich der Heilige Abend und die Nacht, die Heilige Nacht. Das Zwielicht. Die Dunkelheit. Das Verborgene. Das Mystische.

Ohne dieses Halbdunkel der frühen Winternächte ist der ganze Adventszauber irgendwie nichts. Und gerade um diese sonderbare Zwielicht-hell-dunkel-Atmosphäre am eigenen Leib zu erfahren, stellen wir uns draußen auf den Christkindlmärkten in die nächtliche Dunkelheit, die freilich erst dadurch bemerkt wird, dass wir ein schummriges Licht in die Nacht halten und es überall glitzern lassen. Drinnen in unseren dunklen Winterzimmern machen wir dasselbe und zünden Kerzen an, um es in einem eigentümlichen Halbdunkel gemütlich zu haben. Besinnlich gemütlich weihnachtlich. Mystisch heimlich religiös.

Die heilige Sonne

Es ist schon in gewisser Weise ungewöhnlich, dass wir zur Weihnachtszeit in der Dunkelheit etwas suchen. Dass wir ausgerechnet in der Nacht etwas sehen wollen. In der Heiligen Nacht etwas entdecken wollen. Die Alten jedenfalls hätten darüber vermutlich den Kopf geschüttelt. Die antike Feier war anders und der antike Gottesgedanke war anders, nicht so dunkel. Weihnachten war für die Alten das Fest des Lichts, ein Fest der Sonne, nicht der Nacht. Der Sieg Gottes über die dunklen Mächte wurde im täglich und jährlich wiederkehrenden Sonnenlicht gesehen. Und so war es nicht die Heilige Nacht, sondern die heilige Sonne, die in der Antike als Brücke diente und dem Christentum den Weg in die hellenistische Welt bereitete. Die heilige Morgensonne sozusagen, wie zuerst an Ostern, dann an Weihnachten liturgisch in Szene gesetzt. Den Alten ging es immer um das Symbol der Sonne, um das Licht, um die Wiederkehr des Tags. In der römischen Antike des vierten nachchristlichen Jahrhunderts, damals, als das Weihnachtsfest sich entwickelte, feierte man an erster Stelle die unbesiegbare Sonne, den Sol invictus. Natürlich dann, wenn diese Unbesiegbarkeit am deutlichsten spürbar ist, zur Wintersonnenwende. Da traf es sich, dass die biblische Bildersprache auch die Sonne als Symbol Gottes kannte, ohne allerdings die Sonne dabei selbst zu vergotten (die Morgensonne war zum Beispiel das Symbol für die alles durchdringende Gerechtigkeit Gottes, und bis heute singen wir ja von dieser »Sonne der Gerechtigkeit«).

Nun identifizierten die frühchristlichen Theologen die heidnischen Vorstellungen von der unbesiegbaren Sonne mit den biblischen Gottessymbolen und bauten so die Brücke vom Heidentum zum Christentum. Nicht der unbesiegbaren Sonne, sondern Christus, der wahren Sonne der Gerechtigkeit, dem wahren Tag, sollte und konnte jetzt gehuldigt werden. Mit Christus war das goldene Zeitalter (das ja ebenfalls in goldenes Sonnenlicht getaucht ist) angebrochen, wie es schon der römische (also heidnische) Nationaldichter Vergil vorhergesagt hatte. Gleichzeitig mit dem Weihnachts-Sonnen-Fest etablierte sich im Römischen Reich der Sonn-Tag als Tag des Herrn. Der Gottestag war der Sonnentag und er ist es auch in unserem Siebentagerhythmus bis heute. Kurzum: Das junge Christentum spielte mit den Lichtsymbolen der Antike. Die romantische Nacht hatte da keinen Platz. Die Nacht war die Zeit des Todes, die Zeit der Gottferne, die Zeit der Dämonen. Das Christentum kommt aus dem Morgenland und brachte die Morgensonne mit.

Abendliches Christentum

Aber auf dem Weg vom antiken christlichen Morgenland ins moderne christliche Abendland ist das Weihnachtsfest abendlich geworden, dunkler, geheimnisvoller, nächtlicher. Man könnte sogar vorsichtig sagen: das Christentum insgesamt sei abendlicher geworden. Wir Modernen denken, wenn wir an Gottsuche denken, sehr viel weniger an das gleißende Licht der taghellen Sonne. Wir denken weniger an das eine Licht aus Platons Höhlengleichnis, in dessen Abglanz die Griechen lebten. Wir denken nicht an die alles überstrahlende Ostersonne, wenn wir Gott finden wollen. Wir denken an den Abend, die Nacht, das Halbdunkel, wenn wir Gott suchen und nennen daher die Nacht die Heilige Nacht. Und wir spüren dabei einen Stich im Herzen, weil Gott sich für uns im Dunkel der Nacht, im Halbdunkel mystischer Unsicherheit zu verbergen scheint. Gott ist uns ein sehr viel dunklerer Gott geworden. Einer, der sich verbirgt. Der im Dunkel wohnen will, wie wir in einem Weihnachtslied singen. Einer, der da war, aber vorübergegangen ist. Der in seiner Abwesenheit anwesend ist. Der nur Spuren hinterlässt, aber immer schon vorübergegangen ist.

Mit unserer stillen und heiligen Nacht ist eine heilige Wehmut verbunden, eine Ahnung des Vergehens, des Vorübergehens. Es ist natürlich schwer zu sagen, wie unsere Vorfahren ihr Leben und die Zeit erlebten, es spricht aber vieles dafür, dass die unsrige Zeit eine Zeit einer nie gekannten Beschleunigung ist. Eine Zeit, die durch das, was wir »Fortschritt« nennen, so schnell fortschreitet, dass wir es schon gewohnt sind, morgen andere Wahrheiten glauben zu müssen als heute. Nie veränderten sich die Lebensbedingungen so schnell wie heute. Und nie war die Welt zugleich in eine Wehmut des schwindenden Lichts getaucht wie heute. In die Trauer einer entzauberten Welt, des ständigen Abschiednehmens. Schon heute stehen wir mit staunenden Augen vor den veralteten Computern im Museum. Abschiednehmen ist eine echt abendliche Beschäftigung. Der Heilige Abend ist daher auch von wehmütiger Erinnerung daran durchdrungen, dass Gott und das Leben früher sicherer, greifbarer waren (früher, das heißt sowohl in der eigenen Kinderzeit als auch in der Kinderzeit der Menschheit, der Vormoderne). Dass Gott heute so versteckt ist wie vielleicht noch nie. Anders wär's leichter, das wissen wir.

Feier der Nacht

Zwei Nachtschwärmer der Moderne seien hier kurz vorgestellt, die mit der Nacht Theologie treiben konnten. Nummer eins: Der Religionsphänomenologe Rudolf Otto, dessen vor fast hundert Jahren erschienenes Buch »Das Heilige« Geschichte machen sollte. Rudolf Otto fragte: Was macht Religion aus? Wo ist sie erfahrbar, bevor sie in Geschichten und Glaubenssätze gefasst wird? Welches Gefühl liegt dem Religiösen zugrunde? Natürlich, das verrät der Titel seines Buches schon, ist es das Gefühl des Heiligen. Was aber ist das Heilige? Für Rudolf Otto war es das »Ganz andere«. Eine Erfahrung, die irgendwie nicht von dieser Welt ist. Die uns befällt. Ein Schauer. Nicht irgendeiner, sondern der, von dem wir sagen, es sei ein irgendwie heiliger Schauer. Das Numinose. Das Ungeheure. Faszinierend anziehend und erschreckend zugleich. Wo ist das zu finden? Prinzipiell überall, sagt Rudolf Otto. Das Heilige ist ja auch nicht beherrschbar, es ist eine autonome Erfahrung, ein Gefühl ganz eigenen Ursprungs. Es liegt nicht in unserer Macht. Man kann es höchstens pflegen. Man kann die Voraussetzungen dafür schaffen. Und eine der Grundvoraussetzungen dafür ist das Halbdunkel, das wir mystisch nennen. Die Grenze zwischen Dunkelheit und Licht. Die Heilige Nacht ist eben keine stockschwarze Finsternis. Sie ist, obwohl (fast) die dunkelste Nacht im Jahr, durchdrungen von Licht. Sie wird rituell inszeniert als Nacht des mystischen Halbdunkels.

Der zweite Nachtschwärmer, der schon vor zweihundert Jahren das spezifisch Nächtliche des modernen Christentums erkannte, war der jung verstorbene Friedrich von Hardenberg alias Novalis, der wie kein anderer mit seinem Leben und seiner Dichtung für die Frühromantik steht. (Die Frühromantiker, dieser relativ kleiner Kreis von Geistesgenossen, die im ständigen gegenseitigen Überbietungsgestus in kürzester Zeit radikale literarische und philosophische Texte publizierten, waren im Übrigen, wie ich finde, in vielen Dingen schon weiter und konsequenter als wir heute, und aus ebendiesem Grund komme ich immer wieder auf sie zurück, auch in diesem dunklen Kapitel über die Nacht. Man täusche sich nicht: Die lichtreiche Aufklärung und die dunkle Romantik, traditionell als Gegenspieler charakterisiert, sind zwei unterschiedliche Denkstile der Moderne, die beide gleichermaßen nach wie vor topaktuell sind. Oft übersehen wird, dass die Aufbruchsbewegung um 1800, die die Romantik genannt wird, keineswegs in voraufgeklärte Zustände zurückfallen wollte, hatte sie auch eine thematische Vorliebe fürs Mittelalter. Im Gegenteil, die Aufklärung mit ihrer Entzauberung der Welt durch den modernen Wissenschaftsgeist ging den Romantikern nicht weit genug. Nicht Regression, sondern Metakritik war ihr Ziel. Nach der Entgötterung der Welt durch den Verstand, nach der Befreiung aus den alten Abhängigkeiten, nach dem modernen Wissenschaftsglauben der Naturwissenschaft muss etwas Neues kommen, damit die Welt nicht ein kaltes Gehäuse wird.)

»Die Welt muss romantisiert werden. So findet man den ursprünglichen Sinn wieder.« Mit diesem Programm trat Novalis an, das »goldene Zeitalter« in die kalt gewordene Welt der Moderne wieder heraufzurufen. »Novalis« nannte er sich, was so viel heißen sollte wie »einer, der Neuland bestellt«. Keine 29 Jahre ist er alt geworden, und sein früher Tod hat ihn mit der ewigen Jugend versehen, die er der Menschheit gerade in ihrer Sterblichkeit und inmitten der Nacht zusagte, mit dem Gestus des Priester-Poeten und dem Segen der Poesie.

Sein Thema ist die Nacht, die Todesnacht genauso wie das schwebende Halbdunkel der produktiven Geistestätigkeit der Poesie, durch die die Dinge in einem neuen Licht erscheinen können. »Blütenstaub« will seine Dichtung sein, den Geist seiner Leserschaft zu befruchten. Fragmente und Gedankensplitter sind es, die es zu ergänzen gilt. »Hymnen an die Nacht« sind es, Poesie der Nacht, die verhüllend offenbart, was die Welt ausmacht. Die Nachtschwärze des Todesnichts genauso wie des nichtssagenden wissenschaftlichen Allnichts der Moderne gilt es zu überwinden. Das ist die große Aufgabe, der sich der moderne Mensch zu stellen hat: Die Welt muss romantisiert werden. Heute würde man wohl sagen: resymbolisiert werden. Mittel dazu ist ihm das Wort, die Dichtung. Und das Unterpfand für die Wahrhaftigkeit des Unternehmens ist ihm die Liebe. »Wir träumen von Reisen durch das Weltall: ist denn das Weltall nicht in uns? Die Tiefen unsers Geistes kennen wir nicht – Nach Innen geht der geheimnisvolle Weg. In uns oder nirgends ist die Ewigkeit mit ihren Welten, die Vergangenheit und die Zukunft.« Nach innen geht der Weg aber nur, um sich öffnen zu können, der Welt und dem Gegenüber.

Verjüngung durch die Heilige Nacht

Die Kulturkritiker der Zeit, allen voran des Klassizismus, bejammerten die entfremdete Gegenwart, die gespaltene, gefühllose Existenz in der aufgeklärten Welt genauso wie die Romantiker. Nur schoben sie die Schuld dafür dem Christentum mit seiner Entgötterung des Diesseits in die Schuhe. Die Kälte der nordischen Welt habe das ideale, ganzheitliche Menschentum des antiken Griechenlands vertrieben. Erst der Glaube an den einen, unbedingt transzendenten Gott hat es möglich gemacht, dass mit naturwissenschaftlicher Sezierung die Welt analytisch auseinander genommen wurde, ohne die Teile zu einem neuen Ganzen verbinden zu können. Friedrich Schiller ist es gewesen, der in dem Gedicht »Die Götter Griechenlands« diese Klage über den vergangenen Zauber eines lebendigen, beseelten Kosmos' beispielhaft anstimmt: »Schöne Welt, wo bist du? – Kehre wieder, / Holdes Blütenalter der Natur! / Ach! nur in dem Feenland der Lieder / lebt noch deine goldne Spur. / Ausgestorben trauert das Gefilde, / Keine Gottheit zeigt sich meinem Blick, / Ach! von jenem lebenswarmen Bilde / Blieb nur das Gerippe mir zurück. / Alle jene Blüten sind gefallen / Von des Nordes winterlichem Wehn. / Einen zu bereichern, unter allen, / Musste diese Götterwelt vergehn.« Zurück blieb der tote Mann am Kreuz und eine kalte Welt der Aufklärung. Soweit die standardisierte Klage der Zeit.

Novalis schrieb (in der fünften Hymne an die Nacht) dem von ihm verehrten Schiller ein Gegengedicht und verlagerte den Sündenfall der Moderne noch in die griechische Antike selbst. Nicht das Christentum brachte die Entgötterung der Welt mit sich, das antike Denken selbst scheiterte. Die Götter Griechenlands hatten ein Problem, den Tod, über den sie nichts zu sagen wussten. Die Menschen waren die Sterblichen, die Götter die Unsterblichen, und dazwischen klaffte eine Lücke, die sich nicht schließen ließ und die die Lebensfreude auf Erden absterben ließ.

»Eine dunkle, schwere Binde lag um ihre bange Seele – Unendlich war die Erde – der Götter Aufenthalt, und ihre Heimat. ... Ein Gedanke nur war es, Ein entsetzliches Traumbild, / Das furchtbar zu den frohen Tischen trat / Und das Gemüt in wilde Schrecken hüllte. / Hier wussten selbst die Götter keinen Rat.«

Die Welt ist kalt geworden und das Spiel des Lebens erstarrt im Angesicht des Todes. »Zu Ende neigte die alte Welt sich. Des jungen Geschlechts Lustgarten verwelkte – hinauf in den freieren, wüsten Raum strebten die unkindlichen, wachsenden Menschen. Die Götter verschwanden mit ihrem Gefolge – Einsam und leblos stand die Natur.«

Und nun war nicht mehr das Licht die Wohnung der Götter, sondern die Nacht, allen voran die Nacht, die die »heilige Nacht« genannt wird, weil aus ihr die Rettung der Welt entgegenleuchtete.

»Die Nacht ward der Offenbarungen mächtiger Schoß – in ihm kehrten die Götter zurück – schlummerten ein, um in neuen herrlichern Gestalten auszugehn über die veränderte Welt.« In Bethlehem, »in der Armut dichterischer Hütte« wurde die neue, Leben bringende Welt geboren. Der absolute Gott ist auf die Welt gekommen und hat gezeigt, wie der wahre Tod aussieht: »Ein tröstlich Zeichen in der Dunkelheit – / Der höhern Menschheit freudiges Beginnen. / Was uns gesenkt in tiefe Traurigkeit / Zieht uns mit süßer Sehnsucht nun von hinnen. / Im Tode ward das ewge Leben kund, / du bist der Tod und machst uns erst gesund.«

Es ist die Nacht, das Dunkle, das Absolute, der Tod selbst, der zur Offenbarung wurde. Das Christentum brachte die Verjüngung der Welt. Mit der Heiligen Nacht.

Noch einmal: Die Heilige Nacht wäre nicht das, was sie ist, wenn Gott sich in ihr unsichtbar gemacht hätte. Kleine Hoffnungsfunken leuchten mitten in der Nacht. Es ist nicht die Sonne, die dem weihnachtlichen Christentum am Herzen liegt, es ist der geschweifte Stern, das Wunder inmitten der Nacht. In der Mitte der Nacht ist Gott zu finden – das ist ein weiterer Ur-Baustein biblischen Denkens. Im geschundenen Körper ist er anwesend, in der verdunkelten Schöpfung, in der Vertreibung seines Volkes, in der Dunkelheit des Todes, in der kleinen Hütte zu Bethlehem. Mag sein, dass Gott sich in die Dunkelheit der modernen Welt zurückzieht, genau dort wird er sich aber auch immer wieder finden lassen. Das erzählen die vielen kleinen Erfahrungen im Alltag genauso wie die vielen kleinen Symbole des Hell-Dunkels unserer Weihnachtszeit. Und das erzählen auch die biblischen Geschichten, in denen wir, wie wir sagen, eine »Verheißung« finden können. Um die Nacht kommen wir nicht herum, in der Moderne weniger denn je, wenn wir Gott suchen wollen. Aber das auch ist ein ungeheurer Erkenntnisgewinn und macht Gott sehr viel größer, als wenn er nur ein Sonnengott wäre. Es ist eine Grundüberzeugung des Christentums, dass Gott Nacht und Tag umfasst und daher größer ist als alle wie immer geartete Nacht. Und sich doch dort verbirgt.

11. Kapitel
Das Weihnachtshaus: heimisch werden

Die ganze Welt im Haus

Wer am Heiligen Abend auf die (zugegeben abseitige) Idee kommen würde, durch die Straßen seines Wohnorts zu streunen, der fände alles leer und verlassen und müsste sich daraufhin selbst einigermaßen bemitleiden. Richtig, alles Leben scheint ins Innere der Häusern gekrochen zu sein. Die Welt draußen dagegen ist tot und verlassen. Weh dem, der jetzt kein Haus hat, keine Wohnung, kein Zimmer, kein Dach über dem Kopf. Das Weihnachtsleben spielt sich »zu Hause« ab. Idealtypischerweise in einem »Elternhaus«, in einem Familienhaus. Wer selbst keine Kinder hat, mit denen es sich lohnen würde, als Familie unter dem Weihnachtsbaum zu sitzen, der findet sich mir nichts dir nichts wieder bei Muttern im Elternhaus ein.

Und drinnen? Drinnen im Haus ist eine kleine Mini-Welt aufgebaut. Eine Krippe steht da, sozusagen die Miniaturausgabe von dem, was man selbst gerade darstellt, nämlich eine kleine heilige Familie in einem kleinen Haus mit leuchtender

Laterne. Darüber wölbt sich ein Weihnachtsbaum und holt mit seinem Duft und seinem Grün die Natur, den Kosmos hinein ins Innere des Hauses. Und an seinen Zweigen glänzen Kerzen und stecken Sterne, als hätte sich das Firmament selbst ins Haus geschlichen. Je nach Art des Weihnachtszimmers und den Eigenwilligkeiten und Vorlieben der Hausbewohner finden sich ferner weitere Duft- und Lichterhäuschen, Modelleisenbahnen, Kaufläden, Schäfchen und andere Puppenstubenutensilien. Die ganze Welt passt an Weihnachten in ein Haus. Sogar in ein Zimmer.

Und wir? Was machen wir in diesem Weltenhaus? Wir sitzen andächtig da und staunen. Wir hören oder machen Musik. Wir beschenken uns gegenseitig. Wir essen ausgiebig bis übermäßig, trinken fröhlich bis volltrunken, wir erzählen, lesen und hören zu. Man könnte sagen: Wir besinnen uns auf elementare Lebensvollzüge in einem elementaren Haus, dem Weihnachtshaus.

Für kurze Zeit, vielleicht sind es nur ein paar Stunden, vielleicht einige Tage, wird unser Haus zum Mini-Kosmos. Zum Symbol für die Welt. Draußen ist es dunkel, kalt und tot, und je dunkler, kälter es draußen ist, umso schöner finden wir es drinnen. Deshalb auch unsere Sehnsucht, es möge doch bitte bitte bitte an Weihnachten schneien, dicke weiße Flocken. Denn der Schnee begräbt alles unter sich, er macht alles weiß. Er verzaubert nicht nur die triste Matschwelt des Herbsts in märchenwatteweiß, er ist auch der große Gleichmacher der Welt und verstärkt noch einmal die Kontraste zwischen dem lebendigen Weltenhaus und dem toten winterlichen Nichthaus draußen. Er begräbt unter sich alle Unterschiede, er macht die Welt zu einer Nicht-Welt, zu einem farblosen Nicht-Kosmos. Und von dieser Winterwelt empfängt das Haus Intimitätsreserven. Hier möchte man verweilen und sich einkuscheln.

Das hört sich natürlich wieder Mal alles reichlich kitschig an. Doch wieder gilt, wer selbst mittendrin ist, in diesem Weihnachtsweltenhaus, der findet es nicht kitschig, sondern einfach nur schön. Es kommt dabei natürlich nicht auf das reale Zimmer oder Apartment oder Haus an, es kommt auf unsere Imaginationskraft an. Es ist, als würden wir in das Traumbild vom Haus, das wir seit unseren Kindertagen mit uns herumschleppen, für kurze Zeit einziehen. In den kurzen Momenten des Weihnachtsabends wird dieses Urbild vom Haus für uns Wirklichkeit, der Traum vom Wohnen in der Welt, vom Geborgensein im Kosmos, vom Winkel im Universum.

Das Haus ist eines der großen Integrationsmächte des Lebens, wie Gaston Bachelard es genannt hat. Denn das Leben beginnt, bevor der Mensch in die Welt geworfen wird, geborgen im Haus, der Behausung, der Höhle, in der Wiege, im Mini-Kosmos einer Herberge in der Welt. Das Leben beginnt gut, behaust, behütet und bedacht, und das große Symbol für diese Urerfahrung ist das Haus. Oft wurde schon gesagt, dass in unseren Kindertagen das Haus für uns unser erstes All ist. Ein Kosmos im wahrsten Sinne des Wortes. In unseren Träumereien werden wir immer wieder dahin zurückgeführt, in die Wiege unseres Kindheitshauses. In unseren Zukunftsvisionen wollen wir diesem unserem Traumhaus durch Stein und Beton wiederum Dauer verleihen (was wohl nicht wirklich realistisch ist). Und an Weihnachten wohnen wir eine kleine Weile in diesem All-Haus.

Noch eindringlicher als das Bild vom Haus ist das der Hütte. So wie der Eremit im Wald ein in sich geschlossenes Bild voller Frieden abgibt, so stellt uns die Hütte in aller Schlichtheit eines der wichtigsten integrativen Elemente des Lebens vor Augen, das Zu-Hause-Sein. Was dieses Zu-Hause-

Sein ausmacht, ist nicht immer einfach zu sagen. Ist es das Gefühl, von den Bäumen gekannt zu sein, von den Freunden geliebt, von den Menschen verstanden? Ist es die Sicherheit, die Unbedrohtheit, der Burgfrieden? Fest steht, dem Haus steht in unseren Köpfen die Unbehaustheit gegenüber, die Wüste, das Nichts. Oikumene, der Erdkreis, in dem das griechische Wort für Haus Oikos versteckt ist, bezeichnete in der Antike den bewohnbaren Raum unserer Welt, umgeben von Wüste und bitterem Meereswasser.

Die Welt – ein Haus?

Das Weltenhaus ist ein schönes Bild, ein lebensnotwendiges Bild. Nicht nur, dass es zu uns dazugehört, irgendwo einen Winkel zu haben, ein Dach über dem Kopf. Die Welt insgesamt, unser Planet, die Oikumene wird zunehmend als das eine Haus gesehen. Die Welt – ein Haus? Unserer entzauberten Welt und unserer modernen Gesellschaft wird gerne attestiert, sie hätte nun leider allem naturwissenschaftlich belegbaren Anschein nach kein Dach mehr über sich, kein Baldachin und keinen Schutz und keinen Schirm. Die Welt ist mitnichten, wie man sich das in der Antike meist vorstellte, ein von den Göttern ausgewölbtes Haus im unendlichen Meereschaos. Sie ist ein kleiner unbedeutender Planet am Rande eines unbedeutenden Sonnensystems in unserem Universum, und das wiederum ist eine unendliche Wüste. Wer den Sternenhimmel betrachtet, kennt das Erschrecken darüber, wie unendlich klein und nackt und unbedacht diese Erde im schwarzen All-Nichts ist.

Doch inzwischen ist etwas Neues geschehen. Ein neues Bild existiert in unseren Köpfen und hängt an unseren Wänden. Wenn wir an die Erde denken, dann denken wir an die blau schimmernde Murmel im pechschwarzen All. Wir haben ein neues Bild von der Erde als Ganzes gewonnen, erst zwei Generationen lang. Seit der Kehre auf dem Mond, wie Hans Blumenberg diese Wende des Bewusstseins nannte. Jahrtausendelang, zumindest aber einige Jahrzehnte, war der Mensch damit beschäftigt, den Himmel zu stürmen, die Erde zu verlassen. 1969 wurde es mit der Himmelfahrt ernst und der Mensch landete auf dem Mond. Und sah zurück auf seine Heimat, die Erde. Und entdeckte plötzlich, als die Erde am Himmel des Mondes aufging, dass dieser Planet doch nicht so unbedeutend ist, wie die Astronomen seit Kopernikus immer wieder betonen. Sondern dass er einzigartig schön und kostbar ist, eine Perle inmitten einer eiskalten unendlichen Wüste. Eine Oase in blau. Zum Verlieben schön, auch für einen Gott.

Zumindest aber für den Menschen ein Winkel in der Riesenwelt des Universums. Ein Haus. Und der Mensch auf dem Mond hatte nichts Besseres zu tun, als eiligst zurückzukehren, um wieder Boden unter die Füße zu bekommen. Seither ist das Bild des Heimatplaneten, des blauen Erdenhauses, eine unserer modernen Ikonen geworden. Wir wissen, wenn es uns nicht gelingt, unser gemeinsames Weltenhaus zu pflegen, dann sind wir der unbewohnbaren Unendlichkeit ausgesetzt.

In diesem Haus müssen wir uns einrichten, wir, die eine, die ganze Menschheit. Und wir müssen – oft genug gegen die Vernunft – glauben, dass Gott das Erdenhaus nicht in sich zusammenfallen lässt, bloß weil die Bewohner verrückt spielen. Wir haben schon seit langem die Macht, unser Haus zu zerstören, von obenan bis untenhin. Das Bild von dem Weltenhaus ist ein Traumbild, das Not tut. Das Wohnen zu üben ist eine Lebensaufgabe für die Menschheit. Wir können nicht umziehen.

12. Kapitel

Die Friedenshoffnung: Himmelreich spielen

Ein Friedenshaus

Diese Weihnachtsbausteine lassen sich zusammenbauen. Und es wird vielleicht gar kein allzu wackliges Haus daraus. Familie, Liebe, Kindheit, Geburt, Anfänglichkeit, symbolisches Denken, himmlische Botschafter, das Weltenhaus, die Heilige Nacht, die Sterne, die Poesie, die Musik, all diese Bausteine des modernen weihnachtlichen Christentums lassen sich als tragfähige Bauteile zu einem Friedenshaus zusammenfügen. Denn Weihnachten ist wie kein anderes das Fest der Hoffnung auf den messianischen Frieden. Noch einmal Jesaja, noch einmal Lukas und dazu noch der Seher Johannes, um die wichtigsten Stichworte zu vergegenwärtigen:

»Denn uns ist ein Kind geboren, ein Sohn ist uns gegeben, und die Herrschaft ruht auf seiner Schulter; und er heißt Wunder-Rat, Gott-Held, Ewig-Vater, Friede-Fürst; auf dass seine Herrschaft groß werde und des Friedens kein Ende auf dem Thron Davids und in

seinem Königreich, dass er's stärke und stütze durch Recht und Gerechtigkeit von nun an bis in Ewigkeit«

(Jesaja 9,5f.)

»Mache dich auf und werde Licht, denn dein Licht kommt und die Herrlichkeit des Herrn geht auf über dir!«

(Jesaja 60,1)

»Fürchtet euch nicht! Siehe, ich verkündige euch große Freude, die allem Volk widerfahren wird; denn euch ist heute der Heiland geboren, welcher ist Christus, der Herr, in der Stadt Davids.«

(Lukas 2,10f.)

»Und ich sah einen neuen Himmel und eine neue Erde; denn der erste Himmel und die erste Erde sind vergangen, und das Meer ist nicht mehr. Und ich sah die heilige Stadt, das neue Jerusalem, von Gott aus dem Himmel herabgekommen, bereitet wie eine geschmückte Braut für ihren Mann. Und ich hörte eine große Stimme von dem Thron her, die sprach: Siehe da, die Hütte Gottes bei den Menschen! Und er wird bei ihnen wohnen, und sie werden sein Volk sein, und er selbst, Gott mit ihnen, wird ihr Gott sein; und Gott wird abwischen alle Tränen von ihren Augen, und der Tod wird nicht mehr sein, noch Leid und Geschrei noch Schmerz wird mehr sein; denn das Erste ist vergangen.«

(Offenbarung 21,1–4)

Es geht an Weihnachten mit all seinen Symbolen und Geschichten um das Reich Gottes, das ganz klein und unscheinbar mit einem kleinen Kind beginnt. Das Reich der Himmel. Die Gottesherrschaft. Und das ist genau das, um was es auch Jesus selbst ging. Das Reich Gottes ist das, was er in den Bildern, Gleichnissen und Gesten seines Lebens vermittelt hat. Es ist das Zentrum seines Auftretens.

Was aber ist das Reich Gottes? Wie sieht es aus? Bekanntlich hat Jesus darauf mit Bildern geantwortet. Er hat mit seinen Geschichten und seiner eigenen Geschichte Gesten geprägt, die Menschen (also uns) auf elementare Weise zeigen, wie Menschsein im Angesicht Gottes aussehen könnte, damit das Reich Gottes wirklich kommt.

Elementare Gesten

Jesus hat wesentliche elementare Gesten geprägt, die bis heute (vermittelt durch die Poesie der Bibel, vermittelt durch Film, Rock, Pop, Romane, Gedichte, Bilder ...) unsere christliche Kultur grundieren, von vielen unbemerkt, aber dennoch weiterwirkend. Gesten, die in Filmen, Videoklipps und Gedichten immer wieder auftauchen und von denen wir leben. Es sind die Gesten, die uns klarmachen, wie ein Leben als Kreatur, als Geschöpf Gottes aussieht. Wie es um uns bestellt ist. Und wie wir mit dem, was ist, mit den Menschen und den anderen Kreaturen dieser Schöpfung, zusammenhängen. Da gibt es die Gesten des barmherzigen Samariters oder die Geschichte, wie Jesus sich dem Außenseiter Zachäus zuwendet. Wie er Bartimäus, den Blinden heilt und dem Gelähmten auf die Sprünge hilft. Die Speisung der Fünftausend. Das Abendmahl. Die Taufe. Die Tempelreinigung. Das Kreuz. Die Seligpreisungen. Die vielen Gleichnisse vom Senfkorn, vom Schatz im Acker, vom verlorenen Sohn, vom Unkraut und dem Weizen. Diese und viele andere große und kleine Bilder zeigen uns, wie das Reich Gottes aussehen könnte, »mitten unter uns«. Denn das ist freilich immer der Clou: Egal, ob das Reich Gottes »inwendig in uns« oder »mitten unter uns« ist (über die richtige Übersetzung streiten sich die Gelehrten), es ist bei den Menschen. Es ist durch die Menschen. Es ist durch uns, die wir – bewusst und immer wieder auch ohne es zu merken – die Grundfiguren des Lebens, die Jesus uns vorgelebt hat, nachleben. Und in denen (wo sonst?) das Reich Gottes wächst und gedeiht und doch zugleich letztendlich nur im Modus der Hoffnung ganz zu haben ist.

Menschen sind Wesen, die erst werden müssen, was sie sind. Die ihre Gesten bewusst machen können. Die sich und ihre Geschichten erst erfinden müssen. Menschen sind Spieler. Einer, der eine Rolle spielt, braucht aber Texte, Gesten und Mimik. In unseren Breiten sind es die Gesten, Bilder, Geschichten, die Jesus uns vorgespielt hat, die wir – immer noch und wie gesagt vielfach vermittelt – für unser Lebensspiel entdecken.

Mitspieler einer neuen Geschichte

Diese Grundfiguren sind ein Repertoire aus Lebensmitteln, und gerade das ist die Botschaft Jesu. Und fast unbemerkt wird aus diesen Geschichten eine sehr lebensnahe Ethik, indem wir mit und aus diesen Geschichten leben, das heißt: sie in unserem je eigenen Leben in unserer je eigenen Zeit nachspielen. In die Rollen schlüpfen, die uns im Geist bewegt haben.

Diese Rollen umspielen alle immer das eine Thema: Gott kommt zur Welt und mit ihm bricht das Gottesreich an. Hier auf Erden. Als großes Friedensreich. Beginn alle Jahre wieder zu Weihnachten, wenn die Engel es uns zusagen und wir es glauben. Und jetzt kehren wir noch einmal zum Ausgangspunkt zurück, zum Fest. Ein Fest ist, wie wir gesehen haben, immer ein Fest-Spiel, eine Inszenierung. Zu solchen religiösen Festzeiten geht es uns um unsere Rolle als Mensch. Wir verlassen die verschiedenen Alltagsrollen, die wir ausüben und die zu unserem Ich dazugehören (Mutter, Vater, Kind, Schüler, Konsument, Berufstätiger, Verkehrsteilnehmer, Kulturkritiker, Witzbold ...) und sind einfach nur wir als Mensch. Denn wenn wir etwas tun und hören und sagen, was verdient, religiös genannt zu werden, dann geht es immer um uns ganz persönlich. Es geht also um unsere Rolle als Mensch. Diese unsere Rolle als Mensch üben wir ein, wenn wir etwas Religiöses machen. Das kann im Gottesdienst sein, das kann bei der Privatlektüre der Bibel sein, das kann im Kino sein, wenn es um Gott und die Welt geht, das kann natürlich im Gespräch von Angesicht zu Angesicht sein und noch viel öfter, als wir uns das so vorstellen. Es ist auf alle Fälle eine Inszenierung, bei der wir alle unsere alltäglichen Gewänder ablegen und uns mit festlichen Rollen vertraut machen, in einer anderen Zeit, der Festzeit, leben und zugleich ein wenig in den Geschichten, die wir uns zu diesen Festzeiten erzählen, mitspielen dürfen. Es ist, als wären wir selbst in die Geschichten geschlüpft und selbst Mitspieler, die in denselben Geschichten ein paar Schritte tun, in der auch die Hirten, Engel, Magier oder Maria, Josef und Jesus unterwegs sind.

Wir machen Erfahrungen mit den Geschichten. Wir machen sie lebendig und sie machen uns lebendig. Denn wenn wir es spielen, kommt das Gottesreich auch, und es ist vielleicht so unscheinbar wie zu Bethlehem. Zum Beispiel dieser Moment, wenn es »soweit« ist. Diese eindrückliche stille Stunde. Irgendwie ist dann der Himmel offen. Irgendwie gelingt es uns, in diesem Weihnachtsspiel gegen die Angst wirklich Frieden zu spüren. Frieden auf Erden, so singen die Engel. Der messianische Gottesfrieden ist mit dem kleinen

Kind auf unergründliche Weise in die Welt gekommen, das wissen wir aus allen Weihnachtsbilderbüchern und aus der Schule und wir spielen mit. Jesu Auftreten ist, so wie die Bibel es erzählt, der Endpunkt einer sich steigernden Hoffnung, eines drängenden Weges mit Gott zu seinem großen Friedensreich, und wir spielen mit. Es mag ein Spiel gegen die Angst sein, ein Spiel aus Notwehr, aber es wirkt. Es lohnt sich mitzuspielen.

Wer eine Zeit lang mit der Weihnachtsgeschichte gespielt hat, der hat eine wichtige neue Rolle im Repertoire des eigenen Ichs erfahren. Und diese Rolle wird, wenn sie zu Herzen genommen wird, weitergespielt, auch im Alltag. Die Hoffnung auf den messianischen Gottesfrieden bleibt Hoffnung und wird doch erfahrbare Wirklichkeit.

Daher ist Weihnachten mit seinen Friedensaugenblicken ein Appetithäppchen. Es macht Appetit auf mehr. Auf den messianischen Gottesfrieden. Weswegen es alle Jahre wieder gefeiert werden muss. Weswegen dann doch nicht nur die eine Weihnachtsgeschichte verlangt ist, sondern, wenn alles gut geht, neugierig gefragt wird: Wie geht es weiter? Wie steht es um die Geschichte Gottes mit der Welt? Die Weihnachtsgeschichte lässt sich sowohl als Endpunkt einer wachsenden und intensiver werdenden Geschichte der Menschen mit Gott beschreiben als auch als der Ausgangspunkt vieler weiterer Gottesreichfriedensgeschichten. Und hier liegt, wie ich finde, eine vernünftige Aufgabe für Theologen, Pfarrerinnen und Pfarrer: »Gottesreichfriedensgeschichtenweitererzähler« zu sein. Dann wäre Weihnachten überall, sogar in der Kirche.

Nachbemerkung

Als wäre unsere Welt zweimal belichtet: So erleben wir sie durch all die beschriebenen (und all die unbeschriebenen und bitte selbst dazuzudenkenden) Weihnachtssymbole und -gesten. Unsere Alltagswelt wird durchlässig für das Transzendente und die Weihnachtsgeschichte wird durchlässig für uns und unsere Tage. Zwei Zeiten schieben sich übereinander. Zwei Geschichten überlagern sich, unsere Lebensgeschichte und die biblische Geschichte. Sodass wir irgendwie alle zu Krippenfiguren werden, die nach Bethlehem pilgern oder umgekehrt wir alle in den Hörern der biblischen Botschaft in unserer Krippe zu Hause ein Abbild unseres Selbst erblicken. Wir Christkinder.

Meist ist es so: Das, was mit dem merkwürdigen Wort Zeitgeist beschrieben wird, ist schneller als man denkt. Wenn Dinge katalogisiert sind, wissenschaftlich reflektiert, eingeordnet und gedruckt, ist der Zeitgeist schon längst weitergeweht. Die Theoretiker kommen meist zu spät.

Möglich also, dass das Weihnachtsfest schon in diesem Jahr, in dem du, liebe Leserin und lieber Leser, dieses Buch in Händen hältst, gar nicht mehr so aussieht, wie es hier drinsteht. Möglich, dass der Weihnachtsfimmel und Weihnachtsrummel längst abgenommen haben oder so turbulent geworden sind, dass niemand das mehr ernst nehmen kann. Möglich. Aber ich rechne damit, dass wir noch eine längere Geschichte mit Weihnachten und dem modernen Weihnachtsglauben vor uns haben, wie immer sie aussieht. Über der steht auf alle Fälle geschrieben: Mach's wie Gott, werde Mensch. Eine weihnachtliche Aufgabe.

Zum Weiterlesen

1. Kapitel

Weihnachten: Das Christfest der Moderne

Rudolf Berliner, Die Weihnachtskrippe, München 1955.
Oscar Cullmann, Die Entstehung des Weihnachtsfestes und die Herkunft des Weihnachtsbaumes, Stuttgart 1990 (erstmals 1947).
Christoph Daxelmüller, Weihnachten in Deutschland – Spiegel eines Festes, München/Zürich 1992.
Richard Faber/Esther Gajek, Politische Weihnacht in Antike und Moderne. Zur ideologischen Durchdringung des Festes der Feste, Würzburg 1997.
Esther Gajek, Adventskalender von den Anfängen bis zur Gegenwart, München 1988.
Nina Gockerell, Krippen im Bayerischen Nationalmuseum, München 1998.
Nina Gockerell (Hg.), Weihnachtszeit. Feste zwischen Advent und Neujahr in Süddeutschland und Österreich 1840–1940, München/London/New York 2000.
Jürgen Habermas, Strukturwandel der Öffentlichkeit. Untersuchungen zu einer Kategorie der bürgerlichen Gesellschaft, Frankfurt am Main ^{6}1999.
Matthias Morgenroth, Weihnachts-Christentum. Moderner Religiosität auf der Spur, Gütersloh 2002.
Ingeborg Weber-Kellermann, Das Weihnachtsfest. Eine Kultur- und Sozialgeschichte der Weihnachtszeit, München/Luzern 1978.
Petra Zimmermann, Das Wunder jener Nacht. Religiöse Interpretation autobiografischer Weihnachtserzählungen, Stuttgart/Berlin/Köln 1992.

2. Kapitel

Religion: glänzende Augen bekommen

Jan Assmann (Hg.), Das Fest und das Heilige, Religiöse Kontrapunkte zur Alltagswelt, Gütersloh 1991.

Peter L. Berger, Auf den Spuren der Engel. Die moderne Gesellschaft und die Wiederentdeckung der Transzendenz, Freiburg/Berlin/Basel ^{3}1991.

Peter L. Berger, Der Zwang zur Häresie. Religion in der pluralistischen Gesellschaft, Frankfurt/Basel/Wien 1992

Mircea Eliade, Das Heilige und das Profane. Vom Wesen des Religiösen, Hamburg 1957.

Maurice Halbwachs, Das kollektive Gedächtnis, Frankfurt 1985.

Walter Haug/Rainer Warning (Hg.), Das Fest, Poetik und Hermeneutik XIV, München 1989.

Karl Kerényi, Vom Wesen des Festes, Antike Religion und ethnologische Religionsforschung, Paideuma 1. Jg. (1938), S. 59–74.

Thomas Luckmann, Die unsichtbare Religion, Frankfurt am Main ^{3}1996.

Henning Luther, Religion und Alltag. Bausteine zu einer Praktischen Theologie des Subjekts, Stuttgart 1992.

Hermann Lübbe, Religion nach der Aufklärung, Graz/Wien/Köln 1986.

Hermann Schmitz, Der unerschöpfliche Gegenstand. Grundzüge der Philosophie, Bonn 1990.

Gerhard Marcel Martin, Fest und Alltag. Bausteine zu einer Theorie des Festes, Stuttgart/Berlin/Köln/Mainz 1973.

Matthias Morgenroth, Spiel mir das Lied vom Leben, in: Martin Laube (Hg.), Himmel – Hölle – Hollywood. Religiöse Valenzen im Film der Gegenwart, Münster 2002.

Matthias Morgenroth, Die sichtbare unsichtbare Religion. Religiöse Valenzen der Kunst, in: Pastoraltheologie 90. Jg. (2001), S. 458–472.

Josef Pieper, Zustimmung zur Welt. Eine Theorie des Festes, München 1963.

Friedrich Schleiermacher, Über die Religion. Reden an die Gebildeten unter ihren Verächtern, KGA 1,2, Berlin/New York 1984.
Wolfgang Steck, Praktische Theologie. Horizonte der Religion – Konturen des neuzeitlichen Christentums – Strukturen der religiösen Lebenswelt, Bd. 1, Stuttgart/Berlin/Köln 2000.

3. Kapitel

Symbole: mit der Wahrheit spielen

Ernst Cassirer, Philosophie der symbolischen Formen, Bd. 1: Die Sprache, Bd. 2: Das mythische Denken, Bd. 3: Phänomenologie der Erkenntnis, Sonderausgabe Darmstadt 1997.
Hans-Georg Gadamer, Wahrheit und Methode. Grundzüge einer Philosophischen Hermeneutik, Gesammelte Werke Bd. 1, Tübingen 1999.
Werner Jetter, Symbol und Ritual. Anthropologische Elemente im Gottesdienst, Göttingen 1978.
Eberhard Jüngel, Gott als Geheimnis der Welt. Zur Begründung der Theologie im Streit zwischen Theismus und Atheismus, Tübingen [5]1986
Susanne K. Langer, Philosophie auf neuem Wege. Das Symbol im Denken, im Ritus und in der Kunst, Frankfurt am Main 1965.
Paul Tillich, Die Frage nach dem Unbedingten. Schriften zur Religionsphilosophie, Gesammelte Werke Bd. 5, Stuttgart [2]1978.
Hermann Timm, Wahrzeichen. Angebote zur Erneuerung religiöser Symbolkultur, Stuttgart/Berlin/Köln 1993.

4. Kapitel

Krippe statt Kreuz: Es gibt ein Leben vor dem Tod

Philippe Ariès, Geschichte des Todes, München [9]1999.
Zygmunt Bauman, Tod, Unsterblichkeit und andere Lebensstrategien, Frankfurt am Main 1994.

Werner Fuchs, Todesbilder in der modernen Gesellschaft, Frankfurt am Main 1969.
Georg Kretzschmar, Perspektiven zur Inkarnation und zum Weihnachtsfest, in: Herbert Breit/Klaus-Dieter Nörenberg (Hg.), Festtage. Zur Praxis der christlichen Rede, München 1975.
Thomas Macho, Todesmetaphern. Zur Logik der Grenzerfahrung, Frankfurt am Main 1987.
Arnim Nassehi/Georg Weber, Tod, Modernität und Gesellschaft. Entwurf einer Theorie der Todesverdrängung, Opladen 1989.
Eduard Norden, Die Geburt des Kindes. Geschichte einer religiösen Idee, Darmstadt 1924.
Hugo Rahner, Symbole der Kirche. Die Ekklesiologie der Väter, Salzburg 1964.
Friedrich Schleiermacher, Über die Religion. Reden an die Gebildeten unter ihren Verächtern, KGA 1,2, Berlin/New York 1984.
Friedrich Schleiermacher, Die Weihnachtsfeier. Ein Gespräch, KGA 1,5, Berlin/New York 1995.

5. Kapitel

Die Geburt in Bethlehem: ein neues Zentrum der Bibel

Umberto Eco, Die Grenzen der Interpretation, München 1992.
Hubert Frankemölle, Matthäus. Kommentar 1 und 2, Düsseldorf 1994.
Klaas Huizing, Lukas malt Christus. Ein literarisches Porträt, Düsseldorf 1996.
Klaas Huizing/Ulrich H. Körtner/Peter Müller, Lesen und Leben. Drei Essays zur Grundlegung einer Lesetheologie, Bielefeld 1997.
Wolfgang Iser, Der Akt des Lesens. Theorie ästhetischer Wirkung, München ^{4}1994.
Hermann Timm, Sage und Schreibe. Inszenierungen religiöser Lesekultur, Kampen 1995.

6. Kapitel

Die heilige Geburt: geburtlich leben

Hannah Arendt, Vita activa oder Vom tätigen Leben, Stuttgart 1960.

Hans Saner, Geburt und Fantasie. Von der natürlichen Dissidenz des Kindes, Basel [2]1987.

7. Kapitel

Die heilige Kindheit: Wenn wir nicht werden wie die Kinder

Philippe Ariès, Geschichte der Kindheit, München [12]1998.

Robert Bly, Die kindliche Gesellschaft. Über die Verweigerung, erwachsen zu werden, München 1997.

Hans-Heino Ewers, Kindheit als poetische Daseinsform. Herder, Jean Paul, Novalis, Tieck, München 1989.

Lothar Kuld, Das Entscheidende ist unsichtbar. Wie Kinder und Jugendliche Religion verstehen, München 2001.

Matthias Morgenroth, Der Harry-Potter-Zauber, in: Pastoraltheologie 90. Jg. (2001), S. 66–77.

Dieter Richter, Das fremde Kind. Zur Entstehung der Kindheitsbilder des bürgerlichen Zeitalters, Frankfurt am Main 1987.

8. Kapitel

Die heilige Familie: Liebe über alles!

Ulrich Beck/Elisabeth Beck-Gernsheim, Das ganz normale Chaos der Liebe, Frankfurt am Main 1990.

Martin Buber, Ich und du, Stuttgart 1995.

Bernhard Casper, Das dialogische Denken, Freiburg 1967.

Klaas Huizing, Der inszenierte Mensch. Eine Medien-Anthropologie, Ästhetische Theologie Bd. 2, Stuttgart/Zürich 2002.

Emmanuel Levinas, Die Spur des Anderen. Untersuchungen zur Phänomenologie und Sozialphilosophie, München [2]1987.

Hermann Timm, Die heilige Revolution. Schleiermacher – Novalis – Friedrich Schlegel, Frankfurt am Main 1978.
Hermann Timm, Von Angesicht zu Angesicht. Sprachmorphische Anthropologie, Phänomenologie des Heiligen Geistes Bd. 2, Gütersloh 1992.
Judith Wallenstein/Sandra Blakeslee, Gewinner und Verlierer. Frauen, Männer, Kinder nach der Scheidung. Eine Langzeitstudie, München 1989.

9. Kapitel

Die Botschafter: himmelwärts schauen

Friedemar Apel, Himmelssehnsucht. Die Sichtbarkeit der Engel in der romantischen Literatur und Kunst sowie bei Klee, Rilke und Benjamin, Paderborn 1994.
Peter L. Berger, Auf den Spuren der Engel. Die moderne Gesellschaft und die Wiederentdeckung der Transzendenz, Freiburg/Berlin/Basel ³1991.
Martina Eberspächer, Wege des Weihnachtsmannes. Motivwanderungen in den Medien des 19. Jahrhunderts, in: Weltkunst 68. Jg. (1998), S. 2818–2820.
Lothar Heiser, Nikolaus von Myra – Heiliger der ungeteilten Christenheit, Trier 1978.
Markwart Herzog (Hg.), Die Wiederkunft der Engel. Beiträge zur Kunst und Kultur der Moderne, Stuttgart/Berlin/Köln 2000.
Rüdiger Müller/Helmuth M. Loose, St. Nikolaus: der Heilige der Ost- und Westkirche, Freiburg 1982.
Martin Ruch/Ursula Karbacher/Kurt Lussi, St. Nikolaus. Heiliger und Kinderschreck, Lindenberg 1999.
Walter Sparn, »Wenn Engel, dann solche!« Das Geheimnis der Engel in theologischer Sicht, Materialdienst der EWZ, 65. Jg. (1995), S. 353–363.
Ingeborg Weber-Kellermann, Das Weihnachtsfest. Eine Kultur- und Sozialgeschichte der Weihnachtszeit, München/Luzern 1978.

10. Kapitel

Die Heilige Nacht: Nachtschwärmer werden

Novalis, Gedichte. Die Lehrlinge zu Sais, hg. von Johannes Mahr, Stuttgart 1984.

Rudolf Otto, Das Heilige. Über das Irrationale in der Idee des Göttlichen und sein Verhältnis zum Rationalen, 1917.

Hermann Timm, Zwischenfälle. Die religiöse Grundierung des All-Tags, Gütersloh 1993.

11. Kapitel

Das Weihnachtshaus: heimisch werden

Gaston Bachelard, Poetik des Raumes, Frankfurt [5]1999.

Hans Blumenberg, Die Genesis der kopernikanischen Welt, Bd. 3: Der kopernikanische Komparativ. Die kopernikanische Optik, Frankfurt am Main 1975.

Hugo Rahner, Symbole der Kirche. Die Ekklesiologie der Väter, Salzburg 1964.

12. Kapitel

Die Friedenshoffnung: Himmelreich spielen

Klaas Huizing, Der erlesene Mensch. Eine literarische Anthropologie, Ästhetische Theologie Bd. 1, Stuttgart 2000.

Eberhard Jüngel, Gott als Geheimnis der Welt. Zur Begründung der Theologie im Streit zwischen Theismus und Atheismus, Tübingen [5]1986

Gabriel Marcel, Hoffnung in einer zerbrochenen Welt. Vorlesungen und Aufsätze, Werkauswahl Bd. 1, Paderborn/München/Wien/Zürich 1992.